ICONOCLASTES

Collection dirigée par
Alain Laurent
et Pierre Lemieux

LETTRE A FIDEL CASTRO

ARRABAL

LETTRE A FIDEL CASTRO

Les Belles Lettres

Traduction de Luce Moreau-Arrabal

© 1990. Société d'édition Les Belles Lettres,
95, bd Raspail 75006 Paris.

ISBN : 2-251-39002-2

AVANT-PROPOS
... Dans les abîmes de l'océan.

La servilité, comme le furet, passe par ici et repasse par là, de sorte qu'on ne saurait s'étonner si, au milieu des murmures et des blâmes, j'ai été insulté pour avoir écrit cette lettre... et celle que j'avais adressée au général Franco quelques années auparavant. Avec la même morgue et un sens de la mesure identique, les franquistes me qualifièrent d'agent du KBG, et les castristes d'homme de paille de la CIA. Drapés dans la brutalité de leurs intransigeances, ils n'acceptèrent de discuter ni les faits ni les thèses de mes épîtres. Ils ne daignèrent pas non plus, se complaisant dans les singeries du fanatisme, dialoguer avec une « vermine rouge » ou avec un « rat impérialiste ». Je sus qu'ils ne

« vermine rouge » ou avec un « rat impérialiste ». Je sus qu'ils ne demeuraient pas sourds à mes plaintes quand je lus leurs menaces de mort ou que je vis les ravages causés par leurs bombes dans les cinémas où étaient projetés mes films.

Sans l'ombre d'une crainte, d'une gêne ou d'un scrupule, la plupart des franquistes et des castristes de chez nous cessèrent, sans le moindre lambeau de doctrine mais à toute bride, de servir leurs caudillos. La mort du dictateur à Madrid et l'effondrement du mur de Berlin les poussèrent à courtiser les démocraties ou à asseoir sur leurs genoux les deux jeunes femmes les plus pulpeuses du Far East, Miss Glasnost et la Señorita Perestroïka. Mais par une curieuse étourderie mentale ils persistent à condamner, à censurer les iconoclastes comme si une partie de leurs cervelles restait ancrée dans leurs passés inquisitoriaux, ou comme si l'inertie, en tapinois, baignait dans un complexe de culpabilité bien mérité.

C'est ainsi que certains continuent à me taxer d'auteur engagé alors qu'à vrai dire, tout au long de ma vie et en tête-à-tête avec moi-même, j'ai écrit ou réalisé la presque totalité de mes romans, pièces de théâtre, poèmes ou films sans voir se profiler l'outrecuidant visage de la politique. Et je n'ai rédigé ces deux lettres que poussé par une inquiétude désolée, incapable de garder le silence sur les forfaits commis par les deux régimes.

Hélas ! ma lettre à Castro n'a pas été saisie par la faux du temps. La tyrannie, sans s'amender le moins du monde, poursuit son existence fossile. Seule l'entropie a causé quelques dégradations ou détériorations.

Détérioration économique chiffrée avec exactitude par Rina Zorina le 23 novembre 89. La totalité de l'aide soviétique à Cuba a atteint la somme de 100 000 millions de dollars, sans que quiconque puisse trouver la moindre excuse à l'aberration d'un dictateur, lequel a dilapidé les 10 000 dollars qui revenaient ainsi à chacun des 10 millions de citoyens cubains.

Dégradation de l'appareil juridique. Si quelques-uns, peu nombreux, des prisonniers que je citais ont été libérés, ils ont été remplacés dans le goulag tropical — au prix d'une cascade de tortures et de forfaits — par une foule de malheureux, parmi lesquels on compte même des généraux et des ministres (de Pascual Martínez Gil à José Abrantes.)

Le peine de mort n'a cessé d'élaguer le cercle des citoyens soupçonnés d'aimer la liberté. Le général Arnaldo Ochoa lui-même au cri de : « Au poteau ! » a été fusillé et calomnié sans que son bâillon cessât, même un court instant, de desserrer son étreinte.

Dégradation du discours militant, dans une île où la Marine de guerre castriste a imposé au peuple

un mur de Berlin afin de l'empê-
cher de s'échapper dans des canots
de fortune. En effet, le tyran, après
avoir interdit la presse soviétique,
banni les mots *glasnost* et *perestroïka*, ne vient-il pas de déclarer :
« Plutôt que d'abandonner ma
ligne de conduite politique je pré-
fère voir sombrer Cuba dans les
abîmes de l'océan » ?

F. Arrabal
Santa Cruz de Tenerife,
Islas Canarias
10-6-90

Señor Don Fidel Castro Ruz
Cuba.

Monsieur,

Avec le même fol espoir, la même
crainte avec lesquels j'écrivais hier
au général Franco, aujourd'hui je
m'adresse à vous, Caudillo.

Ecoutez cette fragile voix qui
parvient jusqu'à vous avec émotion.

Que le cuir ne protège pas votre
cœur, ni la raison la déraison de
votre cause.

Reconnaissez ma voix parmi les
vociférantes clameurs de vos courtisans.

LETTRE A

Car il faut voir quelle servilité a englué votre équipage!

De l'aube au crépuscule, grâce à votre travesti guerrier,

votre apparence dit tout, peut tout, car l'uniforme fait vraiment le commandant.

Vous vivez engoncé dans la violence, jamais satisfait, pas même lorsque la guérilla se change en guerre.

Comme si la hargne, centripète, vous emportait.

Rauque cheval borgne qui a désappris la tendresse, noyé par un torrent amer.

Vous promettez
de faire périr
les « rats intellectuels »
et d'incendier
« tout le continent américain »
parce que vous vous consumez vivant.

Souffrez-vous donc tant?

Si triste est donc votre existence que vous ne puissiez plus concevoir que le meurtre et le feu?

Où s'en est-il allé le poulain émouvant qui annonçait l'aurore?

FIDEL CASTRO

Qu'est-il advenu de l'homme qui murmurait avant d'être au pouvoir :

« On se prend de tendresse pour les gens et on s'imagine les avoir toujours aimés » ?

Hier,

Cubain généreux, vous marchiez simplement,

sans couronne,

ni brimborions, ni barbe, vous écriviez :

« Les sentiments sont chose indestructible comme le diamant le plus pur »,

mais des années plus tard,

une fois intronisé,

vous avez fait torturer le poète Heberto Padilla, l'obligeant même à débiter les plus vils aveux prononcés en langue espagnole depuis l'Inquisition.

Le poète connut le poids de vos poings

et le raffinement de vos supplices.

Heberto Padilla était

ensanglanté,

claquemuré,

et lié par des menottes,

lorsque vous êtes venu le chapi-
trer dans son cachot.

Car on apprend aussi la lâcheté
dans les salons du Pouvoir Totalitaire.

Comme ils s'enflent, les tribu-
naux moisis !

A Cuba aujourd'hui,

nous en sommes toujours

au « 1984 » d'Orwell ;

Le roman se dresse telle une pro-
phétie lorsque, entre mille reflets,
nous voyons surgir après la *Semaine
de la Haine* du livre, les expositions
« Haine à l'ennemi » qui dans la
Cuba d'aujourd'hui jaillissent en
tous lieux,

à toute heure

et sur votre ordre.

« La haine infinie envers
l'ennemi est la semence du socialisme », proclame votre ministre de
l'Education, José Ramón Fernán-
dez.

L'Ile flétrie par de telles épines
parle d'elle-même suffisamment de
votre jugement desséché.

FIDEL CASTRO

Cuba a déjà adopté les expressions de la nouvelle langue — la « nouvlang » —. Orwell imagine le Ministère de l'Abondance baptisé *Miniplein* et celui de la Paix *Minipax* ou celui de la Vérité *Miniver*,

de même qu'à présent dans l'île on appelle le Ministère de la Santé publique *Minsap*, celui de l'Intérieur *Mininter* ou celui des Forces Armées *Minfar*.

Bizarreries et ricochets beaucoup plus transparents qu'imprudents.

Je vous écris avec amour, mais avec fermeté ;

je vous contemple avec miséricorde, mais avec respect ;

car tout être humain mérite que l'on conquière sa clairvoyance même si l'on ne peut vaincre sa frénésie.

Alors que vous avez fêté votre sixième lustre

de gouvernement, votre âge aussi mérite respect car oui, vous avez atteint la soixantaine, de même que vous avez gagné le titre stalinien

de « héros de l'Union Soviétique » et réussi à incarner, ce n'est pas là un mince exploit, dans la Cuba officielle, le mythe de la

« Jeunesse Rebelle ».

Le titre qui siérait le mieux, à vrai dire, à votre geste et à vos gestes, est celui que vous auriez pu vous décerner sans difficulté

mais avec humilité :

BIG BROTHER.

Les gardes cubains se mettraient au garde-à-vous devant ce surnom comme ils le font aujourd'hui, avec ferveur, devant celui de

LEADER SUPRÊME,

et ils le feraient même

avec plus d'onction,

s'ils savaient que cette appellation n'est que la version espagnole, bien que très libre, du nom

du tyran de « *1984* ».

Car si l'adulation ne s'élève pas jusqu'à l'absurde et l'humiliation elle peut sembler brocard, ou pour le moins manque de révérence, dans l'actuelle Cuba.

Cauchemar d'araignée en une île de deuil !

Quand vous étiez un adolescent bien bâti vous rêviez d'abolir prérogatives et privilèges, mais aujourd'hui, mal affermi à la tête de Cuba, vous vous croyez fondé à planter sur votre poitrine comme des oignons, et dans votre biographie comme des emplâtres, une kyrielle de titres, médailles en chocolat, charges et dignités qu'eussent convoitées le Soleil Radieux de la Pampa ou l'Empereur Bokassa de la République Centre-Africaine :

— Champion cubain de pêche en haute mer.

— Légendaire joueur de basketball.

— Premier artilleur de tank de l'univers ; d'un seul coup de canon, vous avez coulé le bateau *Houston*.

— Vainqueur du trophée Hemingway.

— Unique et exclusif détenteur d'un insigne militaire spécialement conçu pour vous.

— Docteur honoris causa en marxisme scientifique,

Etc.

« *Big Brother* », confirme Orwell, « *est infaillible* ». « *Toute réussite, toute réalisation, toute victoire, toute découverte scientifique, toute connaissance, toute sagesse, tout bonheur, sont considérés comme une émanation directe de sa direction et de son inspiration.* »

Eternel discours de vos serviteurs en un monde de substances arrachées, agonisant parmi des savons de cendres et de suie.

Vos titres
bouffons,
comme un kaléidoscope, renvoient votre image d'un miroir à l'autre, en vous déformant.

Vous vous les décernez dans l'espoir de vous rendre géant, mais vous devenez nain
à vue d'œil.

S'il y eut un monarque espagnol dont on disait ironiquement qu'il était comme un puits, car plus il perdait de terres, plus grande était sa gloire, de vous on peut affirmer, en toute justice, que vous êtes le gouvernant qui, plus il ruisselle d'honneurs, plus il apparaît déshonoré.

Parmi de grandes fleurs édentées votre monument sans racines pourrit et se gangrène.

Tant d'éclat pour une si terne entreprise !

Votre obstination suscite la fureur, puis le rire, et enfin douleur et peine.

Je vous imagine

seul,

traqué

sur vos gardes, aux aguets.

Vous demandant où se trouve la frontière entre la dévotion excessive et le désaveu caustique ;

vous défiant d'aujourd'hui et de demain, de ceux qui vous tutoient et de ceux qui vous titillent ;

retranché derrière la garde prétorienne la plus nombreuse du monde,

vulnérable,

et donc accaparant des charges qui, telles des murailles bâties sur du sable, peuvent s'écrouler au premier souffle de liberté.

LETTRE A

Stupide orgueil si ce n'était évidente et vertigineuse faiblesse.

Cave claquemurée remplie de ruines rutilantes.

Dites-moi :

à quoi vous sert votre charge de « Superviseur - du - Ministère - de - l'Intérieur - ayant - autorité - sur - le Ministre-en-question » pour vous qui possédez déjà les plus hautes dignités ?

— Président de la République
— Premier Ministre
— Premier secrétaire du Parti Communiste de Cuba
— Président du conseil d'Etat
— Commandant en chef de toutes les Forces Armées
— Président du Conseil des Ministres
Etc.

Pompeux parapets de pacotille que les parasites de votre parti parachèvent pour vous paralyser dans votre paranoïa, ou que vous-même vous vous payez grâce au patrimoine de votre patrie afin de paraître.

FIDEL CASTRO

Pathétique paltoquet!

Cloîtré dans votre trou vous rêvez de vos funérailles et écoutez la condamnation universelle de votre œuvre.

Et vous l'entendez de si près que vous distinguez les voix de vos laquais-procureurs mais sans les identifier.

Lequel d'entre eux dénoncera vos crimes tel un quelconque Khrouchtchev?

Sera-ce Carlos Rafael Rodríguez votre ministre, qui le fut déjà sous la dictature de Batista?

L'anticastrisme atteindra-t-il le niveau rouge de l'antistalinisme de Khrouchtchev?

Combien de millions de morts glissera-t-on tel un paquet sous votre dalle quand vous aurez la bouche scellée pour toujours?

Le généreux peuple cubain traçait sur les façades de ses demeures à la chute du dictateur Batista:

Fidel voici ta maison;

et vous êtes entré pour tout y mettre à sac.

LETTRE A

Ne pouvant partager avec vous,
car vous envahissez tout,

la maison changée en garnison,
vous laissant à l'écart, le quart de la
population se sauva pour ne pas
devenir des vassaux.

Lorsque vous avez pris le pouvoir il y avait à Cuba six millions de
cubains,

presque deux millions vivent
maintenant à l'étranger.

Fidel voici « ton » île.

Pour vous tout seul. Car si votre
marine de guerre levait le blocus
auquel elle soumet votre peuple, la
perle des Antilles deviendrait l'île
de Robinson Crusoé.

Quel dimanche de Pâques!

Mais comme il vous serait
malaisé de trouver un Vendredi!

Le ciel et l'espoir perforés, et le
temps pourri dans les horloges.

Seule une minorité ose encore
aujourd'hui mépriser les « excès »
du communisme à Cuba pour
mieux priser vos « réalisations ».

Ils distinguent sans discernement
ce qui est acceptable pour Cuba et

ce qui est inacceptable pour eux, insultant ainsi le peuple cubain dont ils ne reconnaissent ni le courage, ni la culture, ni le droit à la liberté dont ils jouissent eux-mêmes.

Cet argument,

moins de raciste que d'ignorant,

surprit quand on l'entendit dans la bouche d'un Suédois qui, au pays des allumettes, ne fit pas d'étincelles lorsqu'il se mit à observer l'île.

En 1959 Cuba damait le pion à la Suède en matière de musique, de roman, de poésie, d'échecs, de chemins de fer, d'appareils de télévision, etc.

Si, hypothèse absurde, à partir de cette année-là, les Cubains avaient mérité de supporter despotismes, tourments et bâillons, les Suédois auraient dû connaître tyrannies, fers et cachots.

Pour quelle raison la voie empruntée par la Suède n'aurait-elle pas été excellente pour Cuba, qui ne manque pas de voix?

LETTRE

Car si quelque chose brûle ou si quelqu'un sanglote, seules les couronnes calcinées et les larmes se distinguent.

Aujourd'hui, la gloire n'existe plus que dans les gloses que l'on récite dans vos églises. Pour les agents de propagande de l'extérieur, le paradis s'est changé en purgatoire, quant à l'avenir, de radieux, il est devenu mirage.

Mais avec zèle ils voudraient troquer la vérité que tout le monde cèle contre un culte célébrant « culture » et « santé » !

Cuba, assure-t-on, a fait

un bond de géant,

en deux domaines : Education et Sécurité Sociale.

Sur ces deux chapitres, à mon avis, ses bonds ne sont pas de géant, pas même de gnome

mais d'écrevisse,

car, on le sait, c'est là un animal qui va à reculons.

EDUCATION :
GARDE-A-VOUS !

C'est grande merveille de voir qu'avant d'accéder au pouvoir vous promettiez de
  transformer les casernes en écoles ;
  aujourd'hui, vous avez militarisé l'Université et placé tous les centres éducatifs sous le contrôle des éducateurs militaires éducastristes.

Une obscène armature de fer et de tenailles assaille les aspirations de tout adolescent.

Le Ministre de l'Education à Cuba se charge des devoirs de sa charge avec la même justice que celui de la Justice les siens.

A Pinar del Río, celui-ci a récemment déclaré : « Le bon professeur, c'est le milicien qui a une solide morale socialiste. »

Dans « *1984* », le Ministère de

l'Amour dirige la répression et affirme : « *l'ignorance, c'est la force.* » Vos dévots ont traduit en cubain le slogan de cette manière :

« Mieux vaut un maître analphabète communiste plutôt qu'un homme compétent qui ne le soit pas. »

Pauvre Cuba !

Mieux vaut, disaient les classiques, une tête bien faite plutôt qu'une tête bien pleine, mais de nos jours, à Cuba, mieux vaut fléchir que réfléchir. Si l'on veut se hausser du col, il faut courber l'échine et suer de tout son corps.

Dans les camps de travail, tous les étudiants cubains doivent payer leurs études, en échange d'une tâche de journalier non rétribuée .

Il en coûte de croire qu'enfants, jeunes et adolescents doivent passer une grande partie de leur scolarité à se livrer à des travaux agricoles que, par exemple, en France et en Espagne, la loi interdit de faire exécuter par des moins de dix-huit ans.

Vous vous êtes autorisé à donner

des leçons au monde entier et ne recevez d'autre conseil que celui qui abonde dans votre sens.

Vous vous permettez ce qu'aucun tyran américain n'a osé.

Si en Patafascilande un dictateur fasciste envoyait les enfants de dix ans fertiliser les champs, le monde s'insurgerait, indigné, et à juste titre.

Les enfants et les jeunes Cubains qui ne se plient pas à votre diktat passent par des camps de concentration sous la marque infamante de « déviationnistes idéologiques »,

étiquette plus drôle qu'amusante, mais leçon plus tragique que comique.

Examinez une liste de certains travaux que vous obligez ces émouvants petits hercules mini-forçats à effectuer :

— La récolte des agrumes de la Isla de Pinos, celle du Valle de Picadura et celle de la Sierra de Cubitas sont prises en charge dans leur totalité par des élèves du secondaire et de l'enseignement pré-universitaire.

— Les semailles et le nettoyage de la canne à sucre échoient aux jeunes étudiants.

— La récolte du tabac à Pinar del Río y Las Villas est l'œuvre presque exclusive d'enfants et d'adolescents cubains.

Etc.

Felipe Pérez Roque, président de la Fédération Nationale des Etudiants du Secondaire, pour vous être agréable, a annoncé :

« Nous augmenterons les travaux d'agriculture et d'élevage, la récolte des agrumes et celle des matières premières dont les jeunes doivent se charger de sorte que

les bénéfices puissent couvrir les frais d'éducation,

et que les excédents soient affectés aux milices des troupes territoriales. »

Un autre de vos subordonnés, dans la même assemblée « Pour l'Education Communiste » a précisé :

« Les pionniers » (enfants dont les âges s'échelonnent entre 6 et 12 ans) « récolteront quatre millions de quintaux d'agrumes pour l'exportation. »

Oui, pauvre Cuba !

Et pauvres enfants cubains ! marâtre « Révolution » mord leurs ailes de jeunes colombes pour qu'ils ne sachent jamais voler.

Les parents cubains sont contraints d'acheter à votre Etat les manuels, tout le matériel scolaire et surtout

les uniformes,

que l'on exhibera sur les photos de propagande, ordre qui fut confirmé une fois de plus le 28 décembre 1982 à l'Assemblée Nationale du Pouvoir Populaire.

Cuba est une île-prison dont on sort parfois pour rentrer dans une autre, minuscule, nommée camp de concentration.

En ce monde immonde l'enfant, l'adolescent, le collégien, l'universitaire et leurs parents, sans voix et sans vote, n'ont aucun pouvoir de décision.

Le Parti, bouffi d'autorité, émet

sans arrêt ses arrêts définitifs et choisit l'établissement scolaire, la discipline et les études

« *pour le bien de la Révolution* ».
A.M.R.G.

Les jeunes, adossés aux ruines aux couleurs disciplinaires, s'endorment avec l'ange du rêve et songent qu'ils s'évadent vers un pays silencieux où les coquelicots ne sont plus rouges.

Escorté, dès qu'il fait ses premiers pas, le jeune Cubain passe de l'UPC, Union des Pionniers de Cuba, à la FEEM, la Fédération des enfants du secondaire et enfin, s'il appartient à la minorité qui est admise à faire des études, à la FEU, Fédération des Etudiants Universitaires : ce sont les diverses cellules d'une même geôle.

Ses gardiens veillent sur lui, nuit et jour, afin qu'il n'échappe pas à la mamelle de « maman » Révolution.

Vous, qui prétendez incarner la révolte, exigez que le héros modèle des jeunes années du pionnier soit un jouvenceau soviétique ; précoce dans l'art d'épier et de rapporter, cet enfant russe a dénoncé son père et son grand-père. Aussitôt, « Révolution » les a fusillés.

Car pour un « révolutionnaire » courageux il n'est pas d'indication qui ne soit suivie d'effets.

Le petit Cubain des maternelles devra avoir les mains propres et le cerveau lavé ; dans son abécédaire, le *F* est celui de Fidel, le *M* celui de Marx, le *B* de Brejnev. L'adolescent se verra servir le même potage aux lettres, mais s'il veut terminer ses études, il devra non seulement réussir l'examen de marxisme-léninisme, mais aussi célébrer le culte de l'idéologie presque comme si c'était le vôtre.

Les bibliothèques de l'île, piétinées par le cheval d'Attila, ont été amputées de tout auteur hétérodoxe... tel que Mao-Tse-Tung. Mais les livres sacrilèges voyagent à l'intérieur des livres profanes et se lisent en cachette, comme à dos de cheval, en oubliant l'écorce rouge qui consume tout.

LETTRE A

Dans tous les centres d'éducation vous avez affiché un slogan de « *1984* » :

« *A l'intérieur de "la" Révolution tout, en dehors d'elle rien* »,

que même les petits des maternelles traduisent correctement : « Pour les riches — dirigeants, sportifs, militaires, policiers — tout, pour les pauvres, le reste. »

En effet, les enfants des privilégiés de « Révolution » fréquentent des écoles spéciales somptueuses, et ils y sont transportés par les voitures de l'Etat.

Pour les rejetons des colons soviétiques vous avez construit dans la Municipalité de Moa un centre d'éducation ultra-moderne.

Dans « *1984* » : « *La liberté, c'est l'esclavage* » ; à Cuba vous avez créé un autre esclavage également libre : l'assistance aux actes

« obligatoirement volontaires »

dont souffre tout particulièrement la jeunesse de l'île.

Manifestations, assemblées, cortèges, étude de vos discours et autres us qui, par leur variété et leur fréquence, dégénèrent en autant d'abus.

Si la friandise la plus succulente, la seconde fois, perd beaucoup de sa saveur première, à la troisième fois, ces activités écœurent, et à la quatrième, on les vomit.

Après un quart de siècle de silence à l'extérieur, faisant et surtout défaisant selon vos caprices, Cuba a donné des générations de jeunes mal nourris qui ont gâché les meilleurs moments de leur vie à travailler gratuitement sur vos terres et qui, aujourd'hui

atterrés et désespérés,

cherchent un raccourci vers l'espérance. Ils haïssent tant le rouge qu'ils voudraient voir leur sang se teindre en vert.

Qui peut s'étonner que votre Ministre de l'Education vienne de déclarer :

« Le nombre de jeunes gens asociaux augmente de jour en jour, il faut exercer la répression. » ?

Le pourcentage d'analphabètes,

dans l'île, est passé de 78 % le jour
de l'indépendance (en 1898) à 21 %
quand vous êtes arrivé il y a 25 ans.
Le peuple cubain espérait voir dis-
paraître cette tare ; les plus pessi-
mistes présageaient que dans les
années 70 on en verrait la fin : l'instauration du communisme a empê-
ché cette victoire.

Actuellement, le nombre d'étudiants universitaires pour mille
habitants n'est plus que la moitié de
celui que vous avez trouvé à votre
arrivée, et le budget de l'Education
a baissé dans les mêmes proportions.

Les exilés attirent l'attention par
leur vocabulaire restreint ; la plupart des universitaires, lorsqu'ils
parviennent à s'échapper, doivent
refaire leurs études car leur niveau
est peu ou prou celui d'un bachelier
ordinaire.

Des générations de Cubains
demeurent figées, prises entre la
délation et le catéchisme, l'appro-
bation et le ressassement abrutis-
sant.

FIDEL CASTRO

Marâtre « Révolution » traite les jeunes comme des bébés indisciplinés dans l'espoir qu'une fois adultes ils régresseront vers un stade infantile de soumission.

MÉDECINE ET SUICIDE SOCIALISTES

Il ne viendrait à l'esprit de personne l'idée insensée d'encenser le Général Franco parce qu'il a instauré la Sécurité sociale en Espagne. Le national-syndicalisme franquiste n'a pu, à juste titre, justifier ses crimes et ses censures par le fait que les travailleurs du pays aient pu disposer de médicaments, d'hôpitaux et de médecins gratuits.

Prodigieux regard que celui de vos panégyristes qui, à force de mirer, admirent, mais sans rien voir.

Combien en avons-nous entendu célébrer les vertus de la Sécurité sociale cubaine

alors que,

comme vous le savez bien,

à Cuba il n'y a pas de Sécurité sociale.

LETTRE A

O bienheureux ouvrier — vu de l'île — qui, sous la houlette de Suarez ou de González, de Mitterrand ou de Giscard, de Thatcher ou de Wilson, peut compter sur une institution qui lui paie ses médicaments.

Infortuné ouvrier cubain qui, faisant de son mécontentement contentement, paie tous les comptes de pharmacie, et est même forcé d'applaudir sa disgrâce comme s'il s'agissait d'une grâce.

O « Révolution » stagnante et pourrie, avec son lugubre drapeau fiché dans le mensonge.

A Cuba nul enfant qui, aujourd'hui, ne soit contraint dans un camp, nulle statistique qui ne soit malmenée dans un pamphlet.

Le malade, plus qu'à lutter contre son mal, est condamné à remédier à celui de l'Etat.

Au prix où il achète les médicaments, le Cubain, non seulement les paie à leur juste valeur, mais subventionne l'Etat dévalorisé, méritant ainsi doublement le titre de patient.

Extraordinaire invention que la vôtre pour couvrir les frais du Ministère de la Santé Publique.

Un malade, vous ne l'ignorez pas, doit travailler deux ou trois jours pour pouvoir s'offrir un modeste flacon de vitamines.

Si ce même malade avait la chance de vivre à quatre cents kilomètres de La Havane, à Miami, en une seule heure de travail il pourrait s'acheter le même genre de médicament... mais mieux présenté, avec des comprimés à dose plus forte et trois vitamines supplémentaires.

Comme, aujourd'hui, même ce qu'il y a de meilleur à Cuba dépend des circonstances, il n'est pas rare de trouver cet avertissement qui est plus qu'une simple déclaration:

« Quels que soient la couleur ou l'aspect des comprimés, ce médicament conserve toujours ses vertus thérapeutiques. »

Les Cubains disent que ces remèdes si chèrement payés

« se rouillent ».

LETTRE A

Ce qui est sûr c'est que, enveloppés dans des conditionnements vieillots, ils deviennent mous et pâteux, et la plupart des malades craignent de s'empoisonner au lieu de guérir.

Tous les médicaments que j'ai comparés au changement officiel des devises coûtent à Cuba

entre le double et le triple

de leur prix à Santa Fe, Madrid ou Paris.

Mais en heures de travail, au chiffre que nous payons ici il faudrait ajouter, pour votre honte, un zéro, que vous méritez bien sur ce chapitre.

Jolie fable de vampire que la médecine à Cuba.

Prodigieuse médecine qui, grâce au malheur d'autrui, fait le bonheur des dirigeants du pays.

C'est pourquoi Cuba est parmi toutes les nations que je connais, celle où les médicaments sont les plus chers.

Les pauvres de Cuba, c'est-à-dire 95 % de la population, paient

de leur sang
ou de celui de leur famille
leur entrée à l'hôpital.

Il ne s'agit pas, vous le savez bien, d'une licence poétique, mais d'une réalité à base d'hématies et de leucocytes.

Et que faites-vous du sang de votre peuple ?

Vous le vendez au plus offrant.

Comme j'aimerais que ces pratiques sauvages n'aient jamais eu lieu !

Comme je me réjouirais d'entendre démontrer que cette information, venue de si nombreuses sources, est fausse !

Car ce n'est pas un triomphe pour l'homme de contempler le malheur d'autrui.

N'êtes-vous point las de rechercher nuit et jour des artifices de négrier ?

N'en avez-vous pas assez de suspendre la haine aux portes, de couvrir les murs de lézardes, les yeux de larmes et le cœur de rancune ?

N'êtes-vous pas fatigué d'être un tyran ?

Aux soins discrets de l'infirmerie que nous connaissons tous, l'ostentation communiste oppose l'émulation. Les hôpitaux rivalisent entre eux, comme s'il s'agissait de livrer bataille, à coups de malades négligés :

« La policlinique Corinthia défie la policlinique Asclepios. »

Laquelle des deux soignera le plus de malades ?

Il est des psychiatres qui, pour mériter vos applaudissements, examinent soixante patients en une journée comme des forçats.

Les chiffres des statistiques et les malades chroniques augmentent, saisis par la contagion.

Les nombres pleuvent en cataracte sans révéler d'autre secret que celui de l'imposture.

A l'intérieur de « la » Révolution tout, en dehors d'elle rien, répète le slogan des deux poids deux mesures.

Les hôpitaux, appliquant au maximum la maxime, réservent le meilleur pour les puissants et le reste pour les simples passants. Les touristes visiteront les palaces des premiers en supposant que l'exception est la règle et l'apparence la réalité.

Quant à vous et à vos amis, peu vous chaut !

« *Le monde est plus arriéré de nos jours qu'il ne l'était il y a cinquante ans* » écrit Orwell dans « *1984* », se référant déjà à Cuba que vous avez appauvrie.

Les serfs, dans l'île, sont dévorés par les moustiques, les cafards, les mouches et la chaleur et, de leurs grabats d'hôpital qui sont leurs lits de rougeurs, de chaleur et de douleur, ils verront les latrines combles et les eaux sales tout inonder.

Dans la salle Castellanos de l'hôpital psychiatrique national de La Havane, le sol des chambres est en pente ; le malade fait ses besoins et, lorsqu'il a fini, on jette des seaux d'eau pour que ce qu'il a expulsé navigue jusqu'au couloir.

Mais vous avez veillé à ce que les chefs, eux, aient un endroit où tomber malades dans des conditions occidentales et avec l'air conditionné :

L'hôpital Frank País dispose d'une salle des plus accueillantes puisqu'elle accueille les dirigeants, les sportifs et les étrangers.

L'hôpital Ciro García (naguère clinique Miramar) fait l'admiration des voyageurs illustres qui le visitent comme s'il s'agissait d'un dispensaire pour tous, alors qu'en vérité il est réservé à un petit nombre : ceux qui peuvent montrer leur titre de membre du Comité Central ou leur passeport d'étranger de marque.

La salle Borges de l'hôpital Calixto García est destinée aux militaires qui ont un destin assuré et un rang élevé.

L'hôpital Naval compte un quartier de conte oriental pour fonctionnaires huppés ou de formation orientale.

Etc.

Où est le jeune Fidel de l'Université de La Havane qui allait tout partager ?

FIDEL CASTRO

Qu'en est-il advenu de ce rêve que firent un jour les Cubains d'un ciel bleu qui allait s'abattre d'un coup sur l'île pour l'inonder d'écume et de félicité?

Aux épidémies qui ravagent sans trêve le pays à cause de votre impéritie et de votre orgueil, vous remédiez en désignant un coupable.

Vous racontez sans fin un conte à dormir debout : que « CIA » sème à tous vents sa riche panoplie de fléaux et de maux.

— Typhus,
— Grippes,
— Sécheresses,
— Mortalité porcine,
— Prolifération des moustiques,
— Disettes,
— Rhumes,
Etc.

Mais en voulant faire de « CIA » la mère des villes en ruine vous avez fait de vous-même un vil parrain.

Macabres dénonciations là où l'on attendait des annonces de réussites et mieux encore des renoncements.

LETTRE A

Qui est incapable de se connaître, comment pourra-t-il un jour s'amender ?

Le docteur Ruben Ramírez, qui fut un jour chef du département des Vecteurs du Ministère de la Santé Publique informe,

à présent qu'il en a le loisir, puisqu'il a réussi à quitter Cuba, avec beaucoup de chance, que l'épidémie de

« dengue hémorragique »

dont tant de Cubains sont morts, fut répandue dans l'île par un contingent de soldats cubains à leur retour d'Afrique.

Les premiers symptômes surgirent dans le port de Mariel

pour cause d'ignorance.

Sans faire cas des prévisions des lois sanitaires internationales ni de ce que conseille la prudence, les bateaux bourrés de « volontaires » ne furent pas inspectés « pour raisons militaires ».

Avec autant de hâte que d'efficacité, les contagieux se répandirent dans l'île sur votre ordre.

FIDEL CASTRO

A Cojímar le docteur Ramírez et ses compagnons, vous devez vous en souvenir, vous convainquirent de votre erreur, sinon de votre crime. Quelques heures plus tard, sur la place de « Révolution », abordant votre discours comme un combat, vous avez donné pour vérité ce que vous saviez être mensonge :

L'épidémie, avez-vous menti, était l'œuvre de « CIA ».

Traitant ainsi le peuple cubain comme l'avaient déjà fait vos aînés à leur arrivée de Galice,

comme des mineurs.

Ramírez et ses compagnons vous contemplèrent sur un écran de télévision en train d'écorcher l'évidence et de falsifier la réalité...

... sans surprise de leur part.

Funeste allégorie entre l'ombre et l'espace, entre les barbelés et les étoiles, et sans autre dénouement que l'exil ou la résignation.

En automne 1982 un autre fléau de « CIA », cette fois la conjonctivite hémorragique, entraîna des milliers de victimes.

LETTRE A

Le docteur Mindonio Rodríguez, chef du Département d'Epidémiologie, recommanda à ses compatriotes, avec lesquels il partage si peu de chose, et sans que l'humour accrût sa perspicacité, de se laver les mains et les yeux avec du savon.

Le docteur Mindonio Rodríguez, claquemuré dans sa tour d'ivoire rouge, bien approvisionné par vos magasins spéciaux aux tapis de même couleur, ignorait qu'il n'y avait pas de savon à Cuba pour le commun des mortels. Et ceux-ci risquaient fort de le devenir vraiment car, une fois de plus, leur Etat se montrait incapable de leur fournir le morceau de savon auquel tout Cubain a droit, théoriquement, avec sa carte d'alimentation, une fois par mois.

Vous qui êtes le premier exportateur de l'univers de sang, celui de votre peuple,

vous avez organisé

la mainmise sur leurs organes vitaux.

Vous méritez le tableau d'honneur dans l'art de trouver les dollars qui manquent à votre économie dépréciée, ainsi que l'universel mépris.

Jamais aucun dictateur ne fut aussi près du cœur et des yeux de ceux qu'il gouverne, pour les leur arracher.

Les touristes, grâce aux yeux des Cubains plantés dans leurs orbites, voient mieux, après une opération de transplantation. Le cadeau que la plupart des Cubains peu gâtés font à « Révolution » « volontairement »

donne la vue aux touristes et de l'argent au « socia-liste » qui est dans vos petits papiers.

Le docteur Angel Marrero coordonne cette opération par l'intermédiaire d'INTUR à des prix « défiant toute concurrence », dont le coût, pour les droits de l'homme, est exorbitant, comme plusieurs organisations humanitaires l'ont signalé à l'OMS.

Vous rêvez d'un homme « nouveau » dans une « nouvelle » Cuba ;

avec une bouche sans langue, un cœur qui ne bat plus, des yeux qui ne voient plus et un esprit dépourvu d'illusions, la mer sans ses petits bateaux et le ciel sans cerfs-volants.

Quelle vie disgraciée que celle de l'homme qui choisit de se donner le coup de grâce !

Actuellement, à Cuba, un défunt sur quatre est un suicidé, s'il faut en croire les chiffres des gredins bien vivants et bons vivants qui sont au gouvernement.

Dans l'île, même l'homme avisé se fait violence, mettant ainsi un terme à la violence ambiante.

Je lis le rapport annuel du MIN-SAP, en ayant le même droit de le faire que le peuple cubain a celui de le consulter,

c'est-à-dire aucun,

et en tirant profit d'une négligence.

C'est un bulletin confidentiel que

ne doivent connaître que vos confidents et les confidèles, mais qui est entre mes mains grâce à celles d'un exilé.

Au chapitre *Causes de mort pour la population de 14 à 49 ans*, nous apprenons que, sans doute parce que c'est la seule chose que l'on puisse faire librement à Cuba, le nombre des personnes qui se soustraient à la vie dans l'île ne cesse d'augmenter : il passe de 15,33 % du chiffre total des morts en 1968 à 22,88 % en 1980.

Les chiffons de la mémoire pourrissent la vie ainsi que l'espoir.

Hécatombe et record qui démontrent l'infortune de Cuba en montrant le désespoir de ses infortunés.

Mais si certains ont perdu la grâce, d'autres sont tombés en disgrâce, car la différence est grande entre se suicider et « être suicidé ».

Les pauvres, à Cuba, se suicident sans aucune aide, mais ceux de votre caste pourraient bien en recevoir pour mourir suicidés.

LETTRE A

Les humbles vont vers un monde meilleur en quittant volontairement celui-ci, mais il se pourrait bien que les puissants ne soient quittes envers vous que si on les suicide.

Car si, du temps de Staline, ses adversaires mouraient condamnés à la peine capitale après avoir tout confessé, les vôtres, au réveil, ont été suicidés sans confession, comme pour éveiller tous les soupçons :

— La fille d'Allende, réfugiée à La Havane, mais sans trouver de refuge à son désenchantement, sur le point de choisir la liberté... s'est « suicidée ».

— Nilsa Espín, haute dirigeante du « M-26 », sœur de Vilma (« Deborah ») dit la légende officielle, s'est suicidée en se tirant une rafale de mitraillette

... dans le bureau de votre frère Raul !

« Suicide » au cours duquel elle a fait preuve non seulement de talents de contorsionniste pour réussir à se tirer un aussi grand nombre de projectiles, mais de Super Woman pour être parvenue à traverser tous les rangs des gardes qui protègent le Ministre des Forces Armées sans qu'aucun n'eût remarqué qu'elle était armée d'une mitraillette.

— Le capitaine Felix Peña s'est « suicidé » alors qu'il s'apprêtait à défendre des pilotes condamnés.

— Le commandant Eduardo Suñol s'est officiellement suicidé sans autre précision,

comme le commandant Albert Mora,

comme le capitaine de la Police Arturo Martínez Escobar,

comme le commandant du yatch *Gramma*, Onelio Pino.

— Le capitaine Rivero appartenant à la famille politique de Raul Castro et à sa belle-famille, s'est brûlé la cervelle dans un camp militaire, alors qu'il souhaitait rompre ses liens familiaux.

— Oswaldo Dorticos, Ministre de la Justice, n'est pas mort de rire devant le titre qu'il portait mais,

selon vos agences, il « s'est suicidé » lors de la « 3e semaine » du
mois de juin, « désespéré par la
mort de sa femme et par une affec-
tion du dos ». Désespoir plein de
mérite auquel il sut faire front, en
partageant la vie d'une camarade
depuis 1967, année où il se sépara
de son épouse. Le 1er mai 1983,
quelques semaines avant de mourir, il parcourut, malgré sa maladie,
les cinq kilomètres de la Marche du
Peuple Combattant. J'ai sous les
yeux une photo de *Bohemia* datant
du 6 mai où on le voit, impavide,
fièrement redressé, martial, allant
au côté de Carlos Rafael Rodríguez,
sans le savoir, vers son « suicide ».

— Haydée Santamaría, direc-
trice de la Maison des Amériques et
membre du Comité Central, s'est
« suicidée » en 1980... le « 26 juillet »! Elle a en quelque sorte réussi
à voiler d'un crêpe de deuil le jour
qui pour vous symbolise la révolte,
ajoutant au fait le forfait.

A l'époque de Batista, Haydée
Santamaría, s'adressant au Dr Tor-

riente — et à elle-même sans le savoir — voyante ou devineresse, déclara :

— *Docteur, vous devez vous suicider... le suicide est aussi une arme politique.*

Là où surviennent vos conseillers, votre invention est conseillée et le suicide apparaît, comme après l'infection, le pus.

Au Nicaragua, sous l'égide de vos milliers « d'assesseurs de sécurité », la guérilla salvadorienne se décapita toute seule mieux que par l'intervention de capitaines capitalistes.

Nous avons pu suivre ces péripéties sanglantes tant à travers la presse occidentale que par vos « journaux » cubains ou nicaraguayens.

Six avril 1983 : la commandante communiste « Ana María », « numéro deux » de la guérilla salvadorienne, fut sauvagement assassinée par « CIA ».

Dix avril : L'enterrement de la militante communiste Ana María

Mélida Anaya Montes (« la commandante Ana María ») se déroule à Managua scandé par ce refrain : « *Qui a tué Ana María?* » « *La* "CIA". »

Onze avril : Tomás Borges, dirigeant marxiste-léniniste nicaraguayen, assure que la commandante « Ana María » a reçu « quatre-vingt-deux coups de pic à glace... puis a été décapitée ». Pour venger un crime aussi barbare, la guérilla communiste salvadorienne décide une offensive dans le Chalatenango.

Douze avril : Le « numéro un » de la guérilla salvadorienne, le commandant communiste « Marcial » (Salvador Cayetano Carpio), se suicide à l'âge de 64 ans dans la capitale du Nicaragua. La nouvelle est tenue strictement secrète pendant huit jours.

Vingt avril : Tomás Borges, plus marxiste-léniniste que jamais, annonce le suicide du commandant « Marcial » et l'enterrement qui s'ensuivit à Managua, en cachette :

« en présence des seuls représentants du gouvernement sandi-
niste ».

Vingt et un avril : Tomás Borges
révèle la cause du « suicide ». Le
commandant « Marcial » s'est ôté
la vie en constatant que ce n'était
pas « CIA » qui avait assassiné la
commandante « Ana María », mais
le « numéro trois » de la guérilla
salvadorienne, le commandant
communiste « Marcelo » (Rogelio
Bazzaglia Recinos).

Le commandant communiste
« Marcelo » (numéro trois de la
guérilla salvadorienne), compre-
nant que le commandant communiste « Marcial » (numéro un de la
guérilla salvadorienne) avait appris
que lui-même avait assassiné la
commandante communiste « Ana
María », (numéro deux de la guérilla salvadorienne), pris (mais où ?)
de remords, se « suicida ».

Un ventre d'acier, un hennisse-
ment de bourreau, et les cors
sonnent l'hallali !

PROLÉTAIRES ET BLANCHE MAMELLE

« *Les masses amorphes sont désignées sous le nom de prolétaires… et se situent au plus bas degré de l'Etat* », prophétisa Orwell dans « *1984* », décrivant, sans le savoir, Cuba, à la perfection.

Au bout d'un quart de siècle d'exercice de votre pouvoir, le salaire mensuel d'un travailleur est, à peu de chose près, le même qu'en 1958.

Et cependant un kilo de café, par exemple, coûte sur le marché de l'Etat trente fois plus qu'à votre arrivée.

Cuba est le seul pays que je connaisse où les prix et les salaires aient évolué de cette manière au cours des vingt-cinq dernières années.

Cette victoire, qui est une défaite

pour l'ouvrier, vous l'avez remportée avec le concours d'une branche annexe de la police qui, chose étrange pour les étrangers et sujet de confusion pour les autochtones, porte le nom de syndicat.

La Confédération des Travailleurs de Cuba est le syndicat unique, unanime, auquel personne n'échappe car tous sont surveillés par lui.

Il observe les travailleurs de façon inquisitoriale,

il les couche sur des registres,

il punit les « fainéants »,

il remet sur le droit chemin les « non intégrés »,

il exige des efforts aux « apathiques »,

et ne se montre attentif qu'aux ordres du maître, comme le chien-loup du troupeau. Car à Cuba les troupeaux ne sont pas de brebis mais d'esclaves.

Silence d'écailles dans un bateau accablé, éternellement cisaillé par la même blessure.

En 25 ans de « fidéisme » les plus

hauts mérites de ce syndicat tiennent au fait de n'avoir jamais consulté,

pas même « pour la forme »,

une seule fois les travailleurs, ni pour fixer leurs salaires, ni pour décider de leurs horaires de travail.

Cette confédération s'applique à condamner la grève. Mot qui définit, en votre royaume, un acte dont on ne se souvient que comme d'un vestige anachronique du temps passé.

La semaine de cinq jours qui avait été considérée, et à juste titre, comme une grande victoire du mouvement syndicaliste libre,

a été abolie et oubliée.

Aujourd'hui à Cuba, fruit du communisme, on œuvre six jours par semaine grâce à ce qui, non sans humour, passe pour le triomphe du prolétariat.

Votre courtisan Ignacio Arístegui qui arbore l'étiquette de « dirigeant syndical de la province de La Havane » vient de prononcer un discours qui ne peut surprendre que ceux qui ne connaissent pas Cuba :

« Quand un administrateur ne prendra pas de mesures disciplinaires contre les ouvriers, ceux-ci devront le dénoncer aux organismes compétents. Il est grand temps que l'on prenne des mesures à l'encontre des travailleurs qui n'accomplissent pas leur tâche. »

Car la délation n'est pas seulement un raffinement de pionniers.

Jadis, au temps de l'âge d'or, à Cuba, les jours de fête, on se reposait, aujourd'hui on travaille presque toujours à ces dates, après avoir ajouté au « dimanche » le qualificatif de « rouge »,

« dimanche rouge » ;

avec le même respect pour la vérité, on dit le travail de cette journée « volontaire ». C'est pourquoi, lors des « dimanches rouges », les Cubains couronnent la semaine par une journée de travail

« obligatoirement volontaire »

transformant ainsi la semaine anglaise de cinq jours d'avant votre cataclysme en une semaine communiste de sept, gagnant en labeur et en fureur ce que l'on perd en congé et en fête.

En plein conseil des Ministres vous avez déclaré avec ironie que, puisque la Russie a des difficultés pour déboiser la forêt sibérienne, vous alliez expédier là-bas des brigades cubaines...

« comme ça, ils ne se plaindront plus de la chaleur ! »

Qui est cet homme, solitaire comme un fantôme, cauteleux, anxieux, qui sort les serres de son cerveau telles des tenailles ?

***

Cependant l'univers ébloui contemple votre vache

BLANCHE MAMELLE :

Une productrice cubaine qui, sans la carte du syndicat unique, a un singulier rendement. C'est que Blanche Mamelle est une vache laitière à vos ordres,

votre époustouflant toutou domestique,

votre alléchante vitrine bien pourvue en crème, à laquelle la crème de vos visiteurs ne peut échapper, et qu'il lui faut admirer.

Gloire des bêtes communistes!

Rêve lacté de tous les nourrissons!

Magnifique spécimen monté sur quatre pattes!

La perfection enclose dans dix pis!

Vos inévitables serviteurs ont trouvé un tel trésor d'éloquence pour définir votre ruminant femelle que je crains, en décrivant votre porte-cornes, de l'offenser.

Le journal *Gramma*, en première page, en appelant à la rescousse force figures de réthorique, mit l'accent sur l'honneur qui rejaillissait sur le grand leader et Cuba tout entière:

Blanche Mamelle en un seul jour a donné plus de cent litres de lait!

L'incrédulité des experts ne le céda qu'à l'émotion des Cubains, d'autant plus grande quand on songe que le lait est rationné à Cuba,

à un point tel que la plupart souhaitèrent devenir frères de lait des petits veaux de votre vache socialiste.

Le rationnement du lait à Cuba, vous ne l'ignorez pas, n'a pu être évité, ni amélioré, pas même après nomination du champion de basket-ball José Lanuza à la tête de l'entreprise génétique de Matanzas. Le spécialiste des paniers ne réussit pas à mettre dans celui des Cubains la petite carafe de lait dont ils ont besoin. Personne n'imputerait cette anomalie à votre gouvernement sans en devenir une lui-même.

Dans cette terre en friche qui sent la pourriture et l'abus, ceux qui se cabrent se sentent des cavaliers aux éperons de feu.

Rafael Caldera, Alfonso López Michelsen et même un prix Nobel de littérature, bouche bée, furent guidés par votre main et rendirent visite au prodige de lait condensé.

Par cette ultime audience vous renforciez l'œuvre du romancier tout en la minimisant. Car en montrant à celui-ci votre prodige à cornes, vous faisiez cornette le noble Nobel, en prouvant au monde entier que vous ne lisiez pas ses écrits : en effet, le lauréat avait déjà abordé le sujet dans *l'Automne du Patriarche*. Roman où il traitait comme il se devait l'un de ses pays, tyran comme vous, ayant des vaches de palais.

A Cuba le ridicule ne tue pas, il n'empêche même pas de fumer des havanes.

Fruit des amours d'une vache sacrée et d'un cheval[1] qui ne l'est pas moins, vint au monde, le mardi 30 novembre 1982, à 1 h 45 du matin,

le prince des veaux,

le leader suprême de la gent bovine, aussi fringant qu'un poulain.

La Presse, la Radio et la Télévision suivirent pas à pas le vêlage.

Naissance célébrée comme la renaissance de la race bovine et de la science de l'élevage communiste.

1. « Cheval », surnom de Fidel Castro.

L'animal vit le jour grâce aux lumières de la meilleure équipe de spécialistes.

Ces savants, courageusement, écartèrent la césarienne sans craindre le crime de lèse-majesté, puisque la vache avait été couverte par un César.

Nous avons appris que le petit est né grâce à une « légère traction, étant donné la relation positive foeto-pelvienne ».

Quel soulagement !

Photos, films, articles, reportages : les Cubains connaissent la couleur du pelage, l'étoile dessinée sur le front, le format de la tête de l'illustre nouveau-né.

Un profond ridicule, coincé entre les ombres et les cachots, sans que le rire puisse se donner libre cours.

Le docteur Jorge Hernández pleura d'attendrissement

en voyant le nouveau-né faire ses premiers pas, déclara la presse encore plus émue. L'un des chroniqueurs souligna sa qualité humaine et sa condition révolutionnaire. A l'en croire, sur son extrait de naissance, figure déjà son appartenance au parti.

Ce roman rose, en tant que fable rouge, montre qu'un veau, dans votre île, peut être marxiste ; pour être un animal on n'en est pas moins communiste, et c'est même mieux ainsi.

LA VIE EXQUISE
DE LEADER

Les pauvres abusés et les riches abusant vivent le monde à l'envers... à l'opposé de votre discours prolétaire.

Vous qui tout de go désiriez rendre tous les hommes égaux, vous vous gobergez à présent si somptueusement vous et les vôtres à Cuba que ceux d'en bas ne furent jamais aussi abaissés, ni ceux d'en haut aussi élevés.

Mais nul autant que vous.

Orwell écrit : « *La pénurie générale souligne mieux l'importance des privilèges et ce qui distingue un groupe de l'autre.* »

Peu courantes sont les exquises sensations dont vous jouissez, comme celle de vous faire élire,

à l'unanimité,

à la charge de Président du

LETTRE A

Conseil de l'Etat, par un Conseil d'Etat dont les membres, tous sans exception, furent désignés par vous aussi aisément que vous pourriez les renverser.

Drogue raffinée qui ne craint ni l'abus ni l'habitude.

Quelle absurdité de vouloir tout vous offrir!

Quelle folie de vous payer tous vos caprices!

Votre ostentation est telle, vos charges si nombreuses, vos prééminences si grandes, qu'à tant vouloir briller, vous brillez surtout par vos faiblesses.

Parfumé de médailles, votre barbe entrouverte par l'araignée, vous laissez votre arrogance se parer de funérailles sans draperies ni toiles:

— Vous disposez de 25 résidences et propriétés connues comme « casas de estar de Fidel »

— Tel un dieu, vous avez changé la date du Carnaval qui ne vous convenait pas: elle n'est plus aux portes du carême, mais au beau milieu de l'été.

— Vos anniversaires étant
« obligatoirement volontaires »
sont fêtés dans toutes les casernes,
usines, ateliers, écoles, universi-
tés... Dans tous les coins de l'île, on
chante la version prolétaire du
Happy Birthday.

— A votre somptueuse limou-
sine « SIL » vous avez ajouté les
luxes les plus décadents des milliar-
daires des années 30.

— D'une ruade, vous avez supprimé les fêtes de Noël, et d'un trait
de plume, vous avez reporté le jour
des petits Cubains, celui des Rois,
de janvier à juillet.

— Le vieux tailleur Henri du
magasin El Sol, considéré par vous
et les vôtres comme le meilleur de
l'île, a été retenu à Cuba afin que,
avec la meilleure gabardine
anglaise, il vous confectionne vos
uniformes vert olive de guérillero
pantouflard et salonnard.

— Vous disposez de l'argent à
votre « guise » sans avoir à rendre
compte à nul autre Roi qu'à vous-
même.

LETTRE A

— Vous êtes propriétaire de plusieurs plages privées ; l'une d'elles, l'ancien club aristocratique, est aujourd'hui réservée à votre usage personnel. La police y patrouille, armée, afin qu'aucun badaud de la rue ne brise l'enchantement en s'approchant de votre oasis. Des laquais soumis, comme ceux de la Cuba coloniale, sont à vos ordres. Du luxe oriental de cette plage peuvent témoigner plusieurs ministres européens qui furent vos hôtes.

Etc.

Surprenante fringale de toute chose que rien ne peut assouvir, vos lingots sont d'argile et votre ciel de ferraille.

A l'occasion de votre anniversaire les membres du Comité Central du Parti unique et communiste de Cuba, tout joyeux et pleins de reconnaissance envers vous, l'homme qui leur a donné leurs sinécures, vous ont offert ce qu'ils ont appelé

« un petit cadeau ».

En serviteurs sages et avertis, ils ont su minimiser ce qui n'était rien de moins que le fruit de la première initiative qu'ils prenaient à l'Assemblée sans votre permission,

puisque vous êtes prince de Cuba, le principe de toute chose, et eux-mêmes, participants sans principes, votre principale domesticité.

Le « petit » cadeau, moins par sa taille que vu le respect qui vous est dû était

un yacht,

le plus luxueux qui ait jamais mouillé dans un port cubain, dépassant par sa taille celui d'Onassis.

Il est vrai aussi que le protocole l'exige : vous êtes le propriétaire d'une île infiniment plus vaste que celle que le milliardaire grec possédait dans la mer Egée.

Le yacht-petit-cadeau fut construit à grands frais dans les chantiers navals de Regla qui appartiennent au Ministère de la Construction.

Ramiro Valdés Menéndez a

dirigé l'équipe d'ingénieurs de
l'Ecole Navale avec un tel brio,
qu'après cet exploit il a été promu à
nouveau Ministre de l'Intérieur,

car il en faut beaucoup pour
combler un leader quand il est
suprême.

Ce ne fut pas une mince affaire
que de parvenir à réaliser un si
singulier engin : les spécialistes ne
le firent pas avorter par des préju-
gés de classe qui auraient laissé le
bateau estropié, aveugle, sans
moteur et sans classe.

Comme il fallait en pareille occasion se montrer judicieux, ils n'imi-
tèrent pas leurs camarades rouges
qui bien souvent s'enferrent, et ils
utilisèrent le fer de toutes les
nations « blanches » honnies :

— l'acier vint de Suède,
— les moteurs de Detroit, grâce
à une « diabolique » ruse hollan-
daise,
— les hélices d'Angleterre,
— les marbres d'Italie,
— l'aluminium d'Ottawa,
— les pianos de Tokyo,

— la décoration de Miami,
— la porcelaine de Londres,
— les diffuseurs de parfum de Milan,
— les essieux de Liverpool,
— l'électronique du Japon.

Sur la digue sèche de votre arrogance entre suie et haillons les vaches meuglent sans mamelles et les corbeaux coassent sans ailes.

Le *Tuxpan* est un yacht à trois ponts de verre blindé, avec salle de projection, cabines aux baignoires en marbre, installation pour pratiquer le sport de pêche en haute mer, car il serait stupide que vous naviguiez mécontent alors que vous dirigez d'une main ferme le timon du navire de la Patrie, se dirent vos laquais.

Lorsque vous ne vous servez plus de votre nef de pharaon, elle dort ancrée à l'Arsenal de la Marine de Guerre, livrée aux soins d'un « personnel sélectionné de la Sécurité d'Etat », afin que le vulgaire ne puisse s'approcher de votre baleine et ternir de son haleine la porcelaine ou le marbre.

LETTRE

Vous daignerez peut-être un jour montrer en photo ou en film que votre yacht est digne de Hollywood.

De savoir que vous sillonnez l'océan avec un tel luxe ne soulage pas et n'adoucit en rien la condition des Cubains, au contraire, cela les décourage et les attriste, car pour eux, selon Niedergang de « *Le Monde* » :

« le transport reste l'une des *plaies* de la vie quotidienne ».

Grâce à Francis Pisani, par ce même journal, nous apprenons que :

« Il est fréquent d'attendre deux, voire trois heures des bus qui n'en finissent pas de se faire espérer... Les autobus arrivent pleins, ne s'arrêtent jamais devant les stations de peur d'être pris d'assaut... Chacun doit monter *"en force"*. »

L'HOMME NE VIT PAS SEULEMENT DE PAIN

A Cuba « Révolution » suscite de nombreuses plaintes, mais la plus amère est celle du plus pauvre.

Ne recevant de conseils de personne, vous soulagez le nécessiteux par des mots, ou vous essayez de le distraire avec « Révolution ».

C'est là un terme louche que le pauvre ne peut porter à sa bouche quand il manque de pain, et on ne peut le lui servir chaud, frit, poêlé ou réchauffé sans l'irriter.

Comme vous êtes l'unique arbitre en matière de « Révolution », qui ne se met pas à genoux devant vous est réduit de la condition d'homme à celui de ver de terre. Vous, qui aspirez à conquérir le monde sans acquérir votre réputation, n'avez pas encore appris que vos discours indigestes ne s'accordent pas avec vos faits et gestes, et qu'il en est de même pour votre complice « Révolution ».

« Révolution » rationne le pain, la viande, le lait, le tabac, les vêtements, les aiguilles, les ampoules, le papier... tout ce que le Cubain devrait pouvoir s'acheter.

« Révolution » ne donne de tout cela que le quart grâce à une carte de « ravitaillement », car tous les Cubains sont en carte, et seuls les nababs peuvent se permettre tous les écarts.

Grâce à « *1984* » nous savons que :

« *L'atmosphère est celle d'une ville assiégée où posséder un morceau de viande de cheval marque la différence entre le riche et le pauvre.* »

« Révolution » dispose de petits magasins et d'humbles échoppes couvertes de mouches.

« Révolution » propose un marché noir officiel que les Cubains, toujours précis et ne voulant pas passer pour des bleus, ont baptisé « marché du manoir », tant il est cher.

Mais il nous faut apprécier « Révolution » plus par ses chiffres que par ses cris de satisfaction. Examinez cette liste de prix qui joint la souffrance à l'escroquerie :

— « Révolution » vend le kilo de café 64 pesos,

— une boîte de fruits en conserve à 7 pesos,

— un blue-jean à 60 pesos,

— un paquet de cigarettes, 1,60 peso,

— un litre de lait 1 peso,

— un kilo de beurre 5 pesos,

— une banane 1 peso,

Etc.

Le salaire mensuel moyen d'un travailleur « qualifié » est de 95 pesos par mois.

Mais comme dans les boutiques de « Révolution » il manque plus d'articles qu'on en peut trouver, et qu'on en souhaite toujours plus qu'on n'en attend, le Cubain attentif à inventé :

« La préqueue. »

Grisé d'iode et d'écume, sur votre yacht, vous ne connaissez peut-être pas ce visage si original de la fatalité cubaine qui prend forme pour canaliser la rumeur d'une arrivée... par exemple, de melons de Bulgarie.

Un ticket de « chaussures » de carte d'alimentation coûte dix pesos et non la paire de chaussures, seulement la possibilité de l'acheter quand elle arrivera,

ainsi « Révolution » chausse-t-elle les Cubains.

« Révolution », personne n'en doute dans l'île, est un mensonge déguisé en vérité et vous vous qualifiez en le parrainant.

Parmi les flammes brûlent le miroir et l'illusion.

Le Monde : « Le logement est un sujet permanent d'irritation. »

« Nous sommes tous obligés de consacrer près de quatre heures par jour,... à cause du chaos des transports, ...à nos déplacements... L'alimentation n'est reçue qu'au compte-gouttes et on n'a pas le droit de choisir. »

... « les logements pourrissent

lentement sans qu'on puisse les réparer ; on s'y entasse, toutes générations confondues... »

« Le spectacle des vitrines de magasins est déprimant. »

« Le rationnement est une obsession. »

Un verre d'eau du robinet se vend, nous assure votre feuille paroissiale « *Juventud Rebelde* », enthousiasmée par les bénéfices.

Pendant ce temps, *Bohemia* signale que les fourchettes et les couteaux disparaissent des établissements publics de sorte que, nous informe votre « hebdomadaire », les Cubains s'habituent à manger à la cuillère. Miracle communiste, et qui fait que sur l'île, Filet Mignon, fourchettes et couteaux soient tout aussi fantômes.

« *Newsweek* » précise que votre régime est « une révolution déguenillée »,

... il aurait dû préciser qu'elle ne l'est pas pour les riches.

Un visage amaigri, un rêve de marmite, la confiance perdue, une

lampe sans lumière et au vent
l'espace vaincu par un hiver sans
fin.

Depuis que Cuba a obtenu son
indépendance, en 1898, jamais le
Cubain n'a si mal mangé ni si cher,
n'a davantage travaillé pour un si
piètre salaire, n'a vécu dans des
logements aussi crasseux, n'a
voyagé avec plus de fatigue, n'a
subi tant de chaînes et vu autour de
lui se creuser un gouffre aussi profond entre riches et pauvres.

Ces effets découlent de la même
cause et la ruine du même principe :

« Révolution »

qui est tout à Cuba. Mais tout sur
l'île ne serait rien sans vous.

LES COMPTES
D'APOTHICAIRE

« Révolution » a changé les
comptes en contes, le minuscule en
magnifique et les statistiques en
tours d'illusionniste pour un peuple
enfermé dans la tour de ses désillusions.

Prouesses chiffrées extrava-
gantes, jeux de nombres aberrants,
résultats magiques où la désolation
est transfigurée en opulence,
chiffres rouges des bilans, effacés et
remplacés par des victoires rouges ;

Thermomètres magistralement
soumis au maître de l'île sans autre
mercure que la propagande pesti-
lentielle.

Ce serait un éminent tour de
force que de vouloir tout chiffrer,
car vous, l'auteur de la farce,
demeurez incorrigible.

Territoires incertains souillés de

pus et d'affliction. Terres délétères frappées de ruines et de rouille. Invincibles comptables réfugiés dans leurs destins impénétrables.

Elections insurpassables où le peuple cubain

à l'unanimité, dans la plupart des cas,

vote pour vous, votre syndicat ou vos « institutions ».

Routine du 100 %,

dans le pays où 99,97 % est un désastre et 99 %, ou un chiffre inférieur, inconnu.

Pratique de votre culte où l'estime serait considérée comme un vice.

Et cependant, durant quelques heures, dans la ville de La Havane,

14 000 personnes

ont voté avec leurs pieds

en se réfugiant à l'Ambassade du Pérou, profitant de l'occasion unique qui vous fit retirer les forces de surveillance.

En s'enfermant dans l'Ambassade, elles ont révélé ce que jamais elles n'avaient pu inclure dans leurs bulletins de vote.

FIDEL CASTRO

Si votre bulle papale au lieu de quelques heures avait duré plusieurs semaines, la plupart des Cubains auraient trouvé le Pérou en se réfugiant dans son ambassade.

Car ce qu'on gagne en propagande on le perd en efficacité, une commission secrète de votre propre comité d'Etat des statistiques vient de le reconnaître à Cienfuegos :

« Les statistiques noires » (vos fonctionnaires nomment ainsi les statistiques truquées, dans un pays où 25 % seulement de la population est blanche) « provoquent le chaos de l'économie cubaine. »

Langue couverte de poils, souliers de racines et mémoires d'ongles.

Sans interruption pendant 25 ans, « Révolution » a également réussi la prouesse, selon vos féaux, d'obtenir

un accroissement annuel de la production oscillant entre 2,5 % et 12,6 %

sans que les Cubains s'en soient aperçus, transformant ainsi la victoire en miracle,

LETTRE A

... tandis que « *Le Monde* » atteste : « Le régime se maintient dans un océan de difficultés. »

Une fois de plus Orwell décrit Cuba :

« *La vie n'offre aucune ressemblance avec les mensonges que débite la télévision... la réalité montre des villes désolées et sales où des individus mal nourris déambulent deci-delà. Pas un seul chiffre des statistiques ne peut être prouvé... Tous les livres d'histoire ont été falsifiés. Le passé a été effacé, cet effacement oublié et le mensonge est devenu vérité.* »

Ceux qui sont leur propre juge, comme les gens de votre acabit, trouvent leur bonheur dans la falsification des faits. Vous manipulez le passé, déjà écrit par l'Histoire. Vous tentez de cacher ce que votre peuple avait fait avant votre arrivée, afin que vos cachotteries dissimulent ce que « Révolution » a défait.

Le potage aux chiffres de vos statistiques revues et corrigées devient bouillie pour les chats quand vous décrivez le passé,

dépouillant le Cubain de son travail et de ses souvenirs avec le même aplomb que vous inventez des records pour l'étranger.

Dans le rapport que la Banque Nationale de Cuba et le *Juceplan* ont remis aux organismes internationaux, on réécrit l'histoire en comparant un avant à un après tout aussi mythique pour que, en duo, tous deux obéissent à votre cause.

« *Le Parti proclame que l'indice de mortalité infantile n'est que de 160 pour 1000 tandis qu'avant la révolution il était de 300 pour 1000. Et ainsi de suite. Comme s'il s'agissait d'une équation à deux inconnues* » : dit Orwell dans « *1984* » plus prophétique que jamais, en évoquant l'une des bases de la propagande cubaine fondée sur de basses menteries.

La vérité est le miroir de la vertu et le temple du savoir. En leur temps les historiens et les sociologues de divers pays ont noté ce qui se passait à Cuba : avant l'instauration du communisme, l'île avait l'indice de mortalité infantile le plus bas d'Amérique Latine, et il n'était pas éloigné de celui des Etats-Unis.

« Révolution » double le chiffre des enfants morts hier non par désir de les achever, mais pour que ceux d'aujourd'hui paraissent moins nombreux et votre médecine plus efficace.

Une fois les souvenirs racornis, les records se gonflèrent, car sous votre toit ne peuvent coexister les raisons prudentes des savants et l'agitation de vos courtisans.

Chambres couvertes d'épines aux portes ouvertes à l'évocation et au courroux.

Le niveau de vie de chaque habitant était, avant que vous ne montiez sur le trône, le même que celui des Italiens.

Le produit brut par habitant figurait parmi les plus élevés d'Amérique,

au contact de vos comptables faiseurs de contes les indices perdirent

leurs chiffres pour se placer à un
niveau communiste.

« Révolution » ôte des grammes
au steak d'hier,

des postes téléphoniques au
réseau,

supprime des automobiles

et transporte les autoroutes, les
routes et les voies ferrées non dans
l'espace, tâche déjà ardue, mais
dans le temps, tour de force encore
plus prodigieux.

En matière de diététique, Cuba,
qui en 1958 appartenait au peloton
des pays les mieux nourris, se voit
amputée par vous de centaines de
calories, afin qu'on puisse la
comparer à celle d'aujourd'hui.

Grâce à cette manœuvre un pays
« en voie de développement » et
qui était « un espoir économique »
en 1957 est devenu par votre intervention

non seulement sous-développé,

mais, chose encore plus difficile,
un pays qui l'a toujours été.

Quelle rumba sans musique,
quelle truffe de fer-blanc dans une
île frappée par la fièvre et l'acier.

LETTRE A

La balance du commerce extérieur, en excédent jusqu'à votre prise de pouvoir, devient, d'après les vôtres,

« chroniquement déficitaire »,

tout aussi allégrement que le peso cubain, qui valait un dollar et s'échangeait librement sur les marchés financiers, se change en

« monnaie faible » comme l'est à présent le peso de « Révolution ».

Si parfois la passion abuse et d'autres fois l'obligation, aucune n'abuse autant que le communisme. Comment s'étonner que ce soit un pays de gens désabusés.

Entichée de ses falsifications comme d'enfants d'autant plus chéris qu'ils sont monstrueux, « Révolution » ne cesse de flétrir le passé et d'encenser le présent.

Fort satisfaite d'elle-même, elle proclame qu'il existait

« une détérioration annuelle sans précédent dans l'économie précommuniste » alors que, bien au contraire, les revenus avaient été multipliés par 5 en 18 ans.

FIDEL CASTRO

Vous souhaitez gonfler vos résultats plutôt maigres !

Combien plus grand est l'avantage de ce qui se fonde sur le juste énoncé des choses.

Comme il est aisé de se montrer fier quand on dit la vérité ; on gagne le respect en n'offensant personne par fatuité. Car une outrance suffit pour jeter le froid sur tout un discours.

Toujours le même boléro cancéreux du veuf, figé sur le gramophone aphone.

Cuba n'est pas l'île au trésor, mais celle de l'indigence.

Votre Etat doit
une somme colossale, tant à l'Est qu'à l'Ouest.

Si le montant de ces dettes, vous ne l'aviez pas partagé avec les fidèles de Fidel mais avec les Cubains, aujourd'hui toutes les familles de l'île seraient riches, et non seulement la vôtre. Chacune d'elle recevrait soudain ce que le « chef de famille » mettrait plusieurs années à gagner par son travail.

LETTRE A

Votre incurie est la plaie dont souffre le peuple et contre elle vos chiffres enchifrenés sont impuissants, car l'homme d'Etat triomphe plus par sa discrétion que par de fausses statistiques.

A Cuba, on pleure avec Eltsine, on rit avec Ligatchev, car La Havane n'a plus d'heure qui lui soit propre, elle se règle sur celle d'autrui.

En ce qui concerne la division de la production, dans les pays étrangers « amis », Cuba n'a plus qu'à obéir, et elle a perdu en autonomie ce qu'elle a gagné en fonctionnaires staliniens.

Les Cubains appellent ces colons les « quilles », mais dans les ministères on ne les appelle pas, eux seuls, comme des seigneurs, peuvent appeler leurs subalternes cubains.

Un pays comme Cuba qui produisait ses fruits et ses primeurs et mille articles différents, à présent, ligoté par le diktat de son fanatisme, doit, pour son malheur, importer bon nombre de choses qu'elle produisait naguère.

On soulève la peau de l'Océan, et l'on trouve parmi des hennissements une terre dévastée par l'idéologie.

Votre dépendance envers le stalinisme ne vous gagne pas plus d'estime parce que vous inventez que Cuba avait déjà perdu son autonomie.

Mais les capitaux américains ne représentaient que le septième du capital de la nation,

et, en 1958, sur cinq centres sucriers, quatre étaient cubains, et le cinquième avait une participation nationale.

Si vous répétez le contraire, c'est parce que vous méprisez votre peuple, croyant que les ignares sont plus nombreux que les gens compétents,

et qu'ayant supprimé mémoires et mémorialistes, vous imaginez qu'il y a plus de gens à la mémoire éteinte que de gens éclairés.

L'escargot fouille dans les barbelés, les oiseaux brisent les lamentations, mais la fureur interminable ne fouille ni ne brise, elle n'attend que son heure pour prendre son envol.

C'est une grande ruse que la vôtre : avoir un double visage comme Janus ; vous usez de cet artifice pour servir deux adversaires : « Révolution » et « Capitalisme ».

Il était une fois « Révolution » qui, telle la foudre, arme flamboyante, devait en finir pour toujours avec « Capitalisme » capitulard. Mais voici qu'aujourd'hui, plus flammèche que foudre, « Révolution » passe des annonces dans les journaux financiers du monde entier en proposant

la terre cubaine

et les travailleurs de l'île au plus offrant :

aux entreprises occidentales, afin que le grand capital mettre le pied dans l'île du socialisme.

Votre témérité ne le cède qu'à votre impudence lorsque vous citez comme un avantage la soumission forcée du travailleur cubain qui ne s'est jamais mis en grève. « Révolution » partagera en deux le salaire occidental, donnera au Cubain sa quote-part communiste en gardant le reste.

Nul ne peut le nier : vous, le bon apôtre de Cuba, sous l'égide du Capital, vous faites des comptes d'apothicaire et vous hypothéquez l'île par vos hyper-caprices et vos hypothèses aventureuses.

AGENTS DE « CIA »
A DROITE ET A GAUCHE,
A TORT ET A TRAVERS

Jamais l'homme averti ne doit prêter à rire par ses révélations. Mais on dirait que le jour où vous ne brandissez pas quelque ridicule accusation vous le tenez pour creux. Cependant, rien de mieux rempli que vos listes d'accusés :

L'écrivain Jean-Paul Sartre, pour avoir demandé la libération du poète Heberto Padilla : agent de « CIA ».

L'ingénieur agronome tiers-mondiste René Dumont, coupable de juger catastrophique la voie empruntée par l'agriculture cubaine : agent de « CIA ».

Le poète Heberto Padilla, pour avoir écrit un livre de poèmes intitulé « *Fuera de juego* » : agent de « CIA ».

Le marxiste Pierre Golendorf,

alors membre du Parti communiste français, qui tentait d'aider « Révolution » à Cuba : agent de « CIA » (5 ans dans les prisons de l'île).

Le commandant Hubert Matos, qui délivra Santiago des griffes du dictateur Batista et réclama une Cuba indépendante et démocratique : agent de « CIA » (il a passé 20 ans dans vos geôles).

Le poète Armando Valladares qui fut torturé pendant vingt-deux ans dans les prisons et les camps communistes de Cuba : agent de « CIA ».

Les écrivains Claude Roy, Eugène Ionesco, Mario Vargas Llosa, Pier Paolo Pasolini, Jorge Luis Borges, Susan Sontag, Jorge Semprun, Julian Gorkin, Camilo José Cela, André Pieyre de Mandiargues et tant d'autres : agents de « CIA ».

(Vous les avez taxés d'« ordures », « d'être corrompus jusqu'à la moelle des os », « de piètres agents du colonialisme culturel », « d'agents de *la* « CIA », c'est-à-dire des services d'espionnage de l'impérialisme »).

Etc.

Le premier Président de la République, en 1959, après Batista, le Docteur Urrutia, qui s'opposa à l'instauration d'une « démocratie populaire » copiée sur celle des Soviétiques : agent de « CIA » (exilé).

Le commandant Díaz Lanz, chef des forces aériennes, qui six mois après votre triomphe refusa de collaborer au marxisme : agent de « CIA » (exilé).

Le vénéré martyr Pedro Luis Boitel, leader universitaire du mouvement anti-Batista « 26 juillet », parce qu'il combattit la main-mise du communisme sur le pays : agent de « CIA ». (Il fut assassiné en prison).

Le commandant Eloy Gutiérrez Menoyo, dirigeant de la guérilla dans la province de Las Villas : agent de « CIA ».

Le leader ouvrier David Salvador, président de la Confédération des Travailleurs cubains, et qui

résista à Batista : agent de « CIA ».
(14 années de prison).

Le leader étudiant Porfirio
Ramírez, Président de la Fédération des Etudiants Universitaires :
agent de « CIA ». (fusillé).

Le capitaine Tony Cuesta, capitaine de la guérilla menée contre
Batista : agent de « CIA » (7 années
de prison).

Le commandant Jesús Carrera,
l'un des chefs de vos guérillas :
agent de « CIA » (fusillé).

L'écrivain Carlos Franqui, direc-
teur du journal « Revolución » et
de « Radio Rebelde » : agent de
« CIA » (exilé).

La doctoresse Marta Frayde, qui
mena un inlassable combat contre
Batista, et haut fonctionnaire du
Ministère de la Santé Publique :
agent de « CIA » (exilée après 4 ans
de prison).

L'Ambassadeur Gustavo Arcos
qui participa avec vous à l'assaut de
la caserne de Moncada : agent de
« CIA ». (8 années de prison).

L'économiste Justo Carrillo,

votre compagnon de guérilla : agent de « CIA » (exilé).

Le médecin Rolando Cubelas, dirigeant du Directoire révolutionnaire et assaillant du Palais de Batista en 1958 : agent de « CIA » (5 années de prison).

Le journaliste José Pardo Llada, combattant de la sierra : agent de « CIA » (exilé).

Le dirigeant syndical Francisco Miralles qui lutta contre Batista à La Havane : agent de « CIA » (8 années de prison).

Le paysan Victor Mora, chef de la colonne qui occupa Camagüey : agent de « CIA » (10 années de prison).

L'économiste Felipe Pazos, premier Président de la Banque Nationale sous « Révolution » : agent de « CIA » (exilé).

L'ingénieur Manuel Ray, Ministre des Travaux Publics dans votre premier gouvernement : agent de « CIA » (exilé).

Le haut fonctionnaire du Ministère de l'Intérieur José Aldo Vera,

emprisonné par Batista : agent de
« CIA » (exilé).

Le dramaturge et poète Jorge
Valls, dirigeant universitaire
ennemi de Batista, l'un des plus
passionnants et riches écrivains que
compte actuellement le monde :
agent de « CIA » (vingt ans dans vos
prisons).

Et un long et cætera dans lequel
figurent la plupart des hommes
libres de Cuba.

Six mois après votre victoire,
en juillet 1959,
bien avant qu'un petit groupe de
vos détracteurs ne tente de débar-
quer sur la plage Girón
l'anticommunisme était déjà considéré par vous « légalement »
comme un crime contre l'Etat. A
partir de cette date vous avez
inventé
l'agent de « CIA »
et de même que le ciel n'a pas de
fin, ne voulant pas mettre de bornes
à « CIA », vous l'avez recréée à
l'infini, sourd à cette évidence que
la pire insulte s'use si elle devient

quotidienne, et que la satiété cause la nausée.

Si ce n'étaient le sang et les barreaux que cette seule injure entraîne, elle nous ferait tous éclater de rire.

Tout ce que vous obtenez à parler de « CIA »

c'est une scie,

mais vous ne pouvez plus reculer sans scier la branche sur laquelle vous êtes assis.

LE SACRIFICE
DU PLUS GRAND NOMBRE

Vous n'avez pas vaincu le racisme, mais vous vous êtes rendu à lui : Cuba parvient à transformer en réalité le rêve des Blancs de Rhodésie, en soumettant la majorité de couleur à la minorité qui a la vôtre.

Les Blancs, à Cuba, ne représentent que

25 % de la population,

mais ils accaparent tous les postes-clés de la direction du pays, et 90 % des charges dans les organismes des hautes sphères de l'Etat : Bureau Politique, Secrétariat du Parti, Comité Central, Comités Nationaux de l'Assemblée Nationale, etc.

Par un procédé aussi anormal, les femmes sont encore plus atteintes dans leur dignité :

aucune Cubaine

ne figure ni au Secrétariat du parti communiste de Cuba, ni à la Présidence, Vice-présidence ou Secrétariat de l'Assemblée Nationale du Pouvoir Populaire, ni au Bureau politique du Comité Central du Parti communiste, etc.

Que tout ce qui est marginal dans votre royaume reçoive son châtiment est bien connu

des libéraux, des homosexuels, des témoins de Jéhovah, des sociaux-démocrates, des écologistes, des féministes et autres minorités

qui n'ont pu avoir de représentants

— mais nombreux, reconnaissons-le —

qu'en exil, dans les prisons et les camps de concentration.

Un naufrage au parfum de peste.

Miroir universel sera celui qui fonde sa réputation sur ses vertus et non qui l'établit sur des mensonges. Il faut voir avec quelle audace vous vous autorisez à

donner des leçons d'antiracisme
à l'Afrique du Sud

bien appuyé sur vos esclaves. Si
le Noir cubain majoritaire ne
connaît le pouvoir à Cuba que par
vos consignes impératives, la faute
n'est imputable ni aux « yankees »
ni aux « multinationales ».

Mais vous ne rougissez pas, vous
et les vôtres, de vous adjuger le titre
rouge et la rouge étiquette de
« tiers-mondiste ».

Car si ce n'est pas un péché dans
votre cas de descendre des conquistadors qui exterminèrent ou exploi-
tèrent les races vaincues, vous êtes
bien entièrement responsable

si, aujourd'hui comme hier, la
colonisation passant le relais à
« Révolution »,

les Noirs travaillent toujours
comme des « nègres » et les Blancs
gouvernent comme des hidalgos.
Négrier !

A CUBA ON FUSILLE

Le délégué cubain à l'ONU a
donné ces précisions :
« A Cuba on a fusillé,
on fusille,
et on fusillera »,
car le plus puissant sortilège pour
être craint et
obéi est de tuer.
La Commission Interaméricaine
des droits de l'Homme a fourni ces
informations : « De nombreux prisonniers politiques ont été arbitrai-
rement privés de vie ou sont morts
sous la torture. »
Le romancier Reinaldo Arenas
signale que : « Cuba est l'un des
rares pays où la peine de mort
s'applique à des jeunes de 16 ans et
où les exécutions soient quoti-
diennes. »
L'essayiste Carlos Alberto Mon-

taner, auteur du précieux : *Rapport secret sur la révolution cubaine* rappelle : « J'ai vu moi-même — je jure que je l'ai vu — un gardien crier à une vieille femme et à sa bru enceinte venues à la prison pour rendre visite au fils, fusillé sans que sa famille en ait même été informée : *"Ce ver de terre, nous l'avons fusillé hier. Dites donc à celle-là* (l'épouse enceinte) *qu'elle se cherche un autre mari ou qu'elle vienne me voir si elle a besoin d'un mâle."* Je répète : je jure que je l'ai vu. Les monstres vivent aussi ailleurs que dans l'imaginaire. »

Des épouses et des mères de prisonniers politiques installées à Miami m'ont raconté qu'à la prison de la Cabaña de La Havane, elles devaient passer près d'un mur taché du sang des hommes exécutés pendant la nuit.

Une bonne leçon et le frisson sont les deux ailes de la répression. Ils ont abattu et bouleversé quelques solidarités mais pas les plus solides.

FIDEL CASTRO

Le cheval sans pattes entouré d'anthropophages assassine le cristal mais l'espoir est sauvé.

*
**

La France est un pays cinq fois plus peuplé que le vôtre et moins de 50 000 personnes y sont actuellement en prison.

La population pénale de l'île, qui devrait être, si vous respectiez les proportions des nations civilisées, de moins de 8000 reclus, dépasse, selon des estimations modérées,

300 000 prisonniers ;

se conformant ainsi, sans rougir, aux rouges canons communistes habituels.

Cuba n'a rien à envier en ce domaine si peu enviable à l'échelle stalinienne.

Ce chiffre que les dissidents ont scrupuleusement calculé ainsi que les prisonniers cubains, sera discuté et jugé trop bas par votre successeur « khrouchtchev ».

Mais il est plus difficile

aujourd'hui de se montrer chiche que de se piquer d'exactitude quand vous connaîtrez la disgrâce.

Si le glouton prêche le jeûne une fois bien repu, vous ignorez ce qu'est un acquittement, pas même pour pallier les problèmes de l'engorgement carcéral.

Voici vos captifs, gouverneur :

— Près de 200 000 prisonniers de droit commun.

— Plus de 50 000 jeunes du s.m.o. (Service Militaire Obligatoire).

— Environ 50 000 prisonniers politiques.

— Plusieurs centaines de « prisonniers historiques ».

La plupart des « droit commun » ont été enfermés pour « délits » économiques, car « Révolution » non seulement taxe de voleur celui qui dépouille mais aussi celui qui déçoit.

Les recrues du s.m.o. qui ne savent pas étouffer leurs désillusions, l'armée les dégrade et les enferme pour qu'elles apprennent à se tenir, mais les déserteurs, pour qu'ils servent d'exemple à la troupe,

vous donnez l'ordre de les fusiller.

Les prisonniers politiques, lorsqu'ils tombent dans votre toile d'araignée, passent par une longue période « d'instruction » de plusieurs mois

dans le secret le plus rigoureux

dans des conditions et des tortures physiques et psychologiques décrites par Orwell dans « *1984* », et par le communiste London dans « *l'Aveu* ».

Pendant le procès qui s'ensuit, normalement à huis clos,

les « politiques » ont la surprise de faire connaissance avec leur avocat.

Celui-ci, dans le meilleur des cas, sollicite la clémence de « Révolution » pour les « crimes antirévolutionnaires » du coupable :

(ceux du socialiste espagnol, le poète Ramón Ramudo, s'élevaient à deux : deux cadeaux d'un mouchoir à une amie cubaine ; heureu-

sement ils n'étaient pas en
« batiste »).

« Le coupable », une fois
condamné, se voit automatique-
ment appliquer

« le plan de réhabilitation »

pour louer la justice de « Révolution » et vitupérer éternellement
son propre péché. Cette glorifica-
tion excessive est une de vos plai-
santeries alambiquées.

A vrai dire, cette pitrerie tragique a été inventée par Staline,
comme ne l'ignorent pas les lec-
teurs de Soljenitsyne, car si Cuba
occupe une première place quelconque, c'est bien dans l'imitation
du stalinisme.

Le « Pénitencier historique » est
constitué par

un groupe de héros légendaires

survivants d'une époque, depuis
deux décennies, durant laquelle le
prisonnier pouvait encore refuser le
« plan de réhabilitation ».

Ces martyrs, nus ou vêtus seulement d'un caleçon, selon les
époques,

sans visites, ni courrier, ni assistance médicale, ni crayon, ni papier, ni livres,

vivent reclus dans des cellules presque hermétiquement closes (« *los tapiados* »)

et subissent les tortures les plus raffinées

afin qu'ils soient contraints de mettre leur dignité à genoux.

Cuba vénère ces lions en secret car ils sont le sel de l'île

et, en silence, ils écrivent par leurs exploits l'une des pages les plus héroïques que l'on connaisse.

Les plus nobles princes parmi des horloges estropiées et des calendriers effeuillés font irruption dans l'immortalité.

Si le paon se contente de sa roue, vous, vous avez besoin du péan de vos roués zélateurs.

Vos « journaux », vos ministres et votre « agence de presse », pendant des années, imperturbablement, ont prodigué au monde avec des variantes parfois impressionnantes, la même bonne nouvelle fallacieuse :

LETTRE A

« Il n'y a plus de prisonniers politiques à Cuba »,

« Avec la libération d'Hubert Matos, il ne reste plus de prisonniers politiques à Cuba »,

« Fidel Castro va décréter une amnistie générale. »

« Le dernier prisonnier politique cubain a été libéré : Armando Valladares »,

« Cuba ne compte que 352 prisonniers politiques »,

« Il n'y a que 2000 ou 3000 prisonniers »,

« Avec l'exode de Mariel, Cuba a vidé toutes ses prisons »,

Etc.

Dans la presse « occidentale » paraît souvent cette « fable » ; un Cubain de La Havane déclare à Guy Sitbon du *Nouvel Observateur :*

« Il n'y a jamais eu de camps de concentration. »

Et vous le confirmez en personne,

et vous déclarez même à Francis Pisani de « *Le Monde* » :

« Nous n'avons pas de problèmes

avec les droits de l'homme. En
vingt-cinq ans de *révolution* il n'y a
eu aucun excès. »

Car rien de plus aisé que de débiter des mensonges ni aussi difficile
que de relier les lèvres du tricheur à
l'entendement de l'homme averti.

Le cannibale au cerveau de
bronze se couvre de fange pour
cacher ses chancres.

La « presse » communiste
cubaine, (unique dans l'île), nous
assure que le pénitencier cubain
mène à bien des travaux colossaux
qu'il n'aurait pu effectuer que si,
pour le moins, le nombre de prisonniers correspondait aux chiffres
cités :

Bohemia : « Dans la province de
La Havane les prisonniers ont
construit trois écoles secondaires,
ont mis sur pied 135 fermes laitières et six centres d'élevage de
bétail, ils ont réalisé 344 projets de
logement et d'autres ouvrages... A
Pinar del Río, ils étaient en train de
bâtir 48 unités de logements et 8
écoles secondaires, de plus ils tra-

vaillaient dans un centre de maté-
riaux préfabriqués, deux ateliers de
menuiserie et quatre établissements
d'Etat... Dans la province de
Camagüey ils ont achevé 28 fermes
laitières, 24 unités de logements et
une école secondaire... ils ont en
outre participé à l'agriculture dans
toutes les provinces et plus précisé-
ment, à la coupe de la canne à
sucre... »

Etc.

Les lieux de détention, vous les
répartissez en trois catégories :

— fronts ouverts,
— prisons,
— camps de concentration.

J'ai sous les yeux l'interminable
liste, que vous connaissez mieux
que moi, des prisons et des camps
de concentration de l'archipel du
goulag en quoi vous avez changé
l'île.

Tous les prisonniers que j'ai
connus, du marxiste Pierre Golendorf au croyant Armando Valladares, confirment cette énuméra-
tion.

Vos cachots sont si nombreux et si variés qu'il n'est dans l'île nul coin qui ne soit troué par l'une de vos oubliettes.

Il existe une longue liste de centres de punition exclusivement destinés à la détention des femmes et leurs noms sont aussi évocateurs que celui du camp de concentration « Aube nouvelle », de la prison « Les Trois Palmes », du camp « Vierge de la Règle », de la « prison de Siboney », du camp de « Palme solitaire », etc.

Pour les enfants, « Révolution » a bâti un épais réseau de prisons et de camps de concentration qui, du nord au sud et de l'est à l'ouest, couvre l'île de deuil : « La vigie », « Crinière sud », « Capitole », « Combinat de l'est pour enfants », « Mulgoba 2 », « El pitirre », « Jaruco 2 », « Ruisseau orange », « 13 et Promenade », « Nouvelle vie », « Arc-en-ciel », etc.

Un temps indécis, tel un océan, cingle de ses lames et de son fanatisme.

LETTRE A

Les prisonniers, sans secours d'aucune sorte, ni national ni international, sans aucun recours juridique, sont traités comme des bêtes ou des fauves.

Les gardiens, par exemple, peuvent les transporter, comme le fit le commandant Osmasi Cienfuego, dans un camion frigorifique hermétiquement clos, de sorte qu'au terme du voyage, on les retire asphyxiés.

Ou bien ils peuvent miner les prisons, comme le fit le commandant Julio García Olivera, afin que, quand viendra « Contre-Révolution », les condamnés ne sautent pas de joie mais sur des barils de poudre.

A Cuba, selon le modèle stalinien, on ne libère pas toujours le prisonnier qui a purgé sa peine. Au moment où je vous écris, un grand nombre de détenus qui ont intégralement subi leur châtiment demeurent dans vos geôles et vos camps de concentration.

« Re-condamnés » ainsi les nomme-t-on, improprement.

FIDEL CASTRO

**
**

La constitution marécageuse dit
que : « la source suprême » du droit
à Cuba est le Parti communiste.

Un jet si puissant a fait sortir du
sol un grand nombre de norias qui
inlassablement vous fournissent
tout un assortiment de captifs :

La loi de l'Extravagance : extravagante règle juridique qui punit
celui qui s'habille, se peigne, parle
ou marche de façon « extravagante ».

*La loi du développement Normal
de la Famille et de la jeunesse* : qui,
comme son nom ne l'indique pas,
permet d'éliminer le père et la mère
de leurs fonctions éducatrices,
tâche dont se chargera exclusivement « Révolution » dès que
l'enfant aura fêté ses six ans.

Le rôle que vous proposez aux
enfants des maternelles n'est pas un
jeu comique, pas même une comé-
die de cape et d'épées, mais la revue
militaire : le 26 juillet dernier vous
leur avez dit qu'ils devaient
combattre

et mourir

si nécessaire pour défendre la Patrie,

c'est-à-dire vous-même.

La loi sur les individus dangereux est destinée à dissiper les très dures menaces qui font trembler sur ses bases « Révolution » : adventistes du septième jour, homosexuels, auditeurs de programmes de rock de radios américaines, sociaux-démocrates, etc.

La loi sur le « déviationnisme » idéologique est aussi diverse que peu divertissante. C'est la traduction que vous avez établie de ce que Orwell nomme la loi du « *crimental* ». Le romancier péruvien Vargas Llosa, lisant votre feuille de propagande *Gramma* a trouvé cette interprétation de la règle :

« Qui choisit une chose différente de ce que *la* Révolution a programmé pour lui est un contre-révolutionnaire, c'est-à-dire un asocial et un délinquant. » « La société ne permet pas à l'homme de choisir le malheur : c'est un délit. »

FIDEL CASTRO

La loi de pré-délinquance descelle le pilier du Droit Naturel : « Tout homme est considéré comme innocent devant la loi. »

Selon cette norme, on peut condamner, non pas le délinquant, mais celui qui pourrait un jour le devenir. On peut ainsi trouver dans vos camps des Cubains qui ont rêvé de vous « irrespectueusement ».

Quand on a du salpêtre dans les yeux et des chaînes dans le cerveau, même le centre du rêve devient suspect.

Vous êtes au-dessus de la loi.

Une parcelle de ce privilège vous est accordée par les acclamations de quelques-uns :

Pauvres « idiots utiles » qui arborent pendue à leur cou

la clef qui tient enfermés les prisonniers cubains

et qui portent, dans leurs poches, avec la menue monnaie,

les balles

qui, à Cuba, « ont fusillé, fusillent et fusilleront ».

LES « NON-ETRES »
DE LA CULTURE

Il est vraiment remarquable
qu'après avoir effacé la culture
de la face de Cuba
vous ayez passé à autre chose :
l'instauration de la propagande.

« Nous autres, écrivains cubains,
n'aurions pas griffonné tant de
pages ni publié des livres si Fidel
n'avait pas pris le pouvoir. »

La seule crainte que nourrit le
griffonneur de l'île, après avoir
écrit ce boniment, est que l'éloge ne
soit pas suffisamment bon.

Il ne rougira pas davantage de ne
pas être le « propriétaire » de ses
propos une fois ceux-ci rédigés. Ce
n'est pas sa faute. Tous les droits
d'auteur d'une œuvre écrite à Cuba
par un Cubain sont :

la propriété exclusive de l'Etat

par l'intermédiaire de son agence CENDA.

Le long baiser du vampire pétrifie pour toujours l'inspiration.

Après plusieurs semaines de tortures, aux mains de l'Inquisition communiste cubaine, le poète Heberto Padilla

a avoué, lors d'une cérémonie publique,

qu'il aimait la police, grâce à qui il avait découvert le printemps en prison,

et il a même proclamé, martial, que le devoir du poète est d'être « un soldat ».

Compréhensives, les Forces armées et la Police décernent aujourd'hui aux « intellectuels » les principaux prix littéraires de l'île :

« FAR » et « MININTER ».

« *L'évaporation fait partie des mécanismes de l'Etat* », dit Orwell à propos des écrivains cubains exilés, bâillonnés ou embastillés. Et, précisant davantage encore le destin que le communisme a tracé pour eux :

FIDEL CASTRO

« *Ils ont cessé d'exister, ils n'ont jamais existé... Leurs noms ne figurent sur aucun registre, dans aucun souvenir, dans aucun cerveau*. *Leurs noms ont été supprimés dans le passé et dans le futur.* »

« *Ils n'ont jamais existé. Ce sont des* Non-êtres. »

MILITAIRES, POLICIERS, SPORTIFS ET AUTRES BIENHEUREUX

Vous vous imaginez, comme d'autres dictateurs, que si vous cessez de craindre les autres vous donnez des ailes à votre peuple en coupant les vôtres, tout en voyant pousser celles d'autrui.

C'est un trait du tyran que de trouver protection auprès du fort : pour la première fois depuis l'indépendance

dix mille soldats étrangers — russes assurément —

ont pris leur quartier à Cuba.

Vous qui envoyez des soldats cubains, mercenaires de l'Impérialisme soviétique, dans une douzaine de pays,

cent mille avez-vous reconnu vous-même,

vous tenez cependant en alerte une division blindée soviétique pour faire front à la rébellion de votre peuple contre les éternels « jeunes rebelles » :

A l'ère coloniale les troupes françaises métropolitaines assuraient l'ordre au Sénégal tandis que les soldats mercenaires sénégalais défendaient, à l'extérieur, les intérêts de la France, comme le rappelle Carlos Rangel.

Le 26 juillet 1983 vous avez déclaré que Cuba comptait

six millions de combattants (sur dix millions d'habitants)

comme pour confirmer les dires de l'historien britannique Hugh Thomas :

« la nation est un vaste camp militaire. »

Car les errements engendrent d'autres errements de sorte que l'île est devenue un globe creux hérissé de canons, vidé de sa substance : en effet, vous l'avez entièrement employée à fabriquer des recrues.

Il n'est d'insubordination, vous dites-vous, que ne puisse vaincre une camisole de force et rien de mieux que l'armée forcée créatrice de citoyens soumis et de soldats disciplinés.

Aujourd'hui Cuba possède une armée
dix fois plus nombreuse
qu'elle ne le fut jamais depuis son indépendance.

Elle est la neuvième du monde
et proportionnellement au nombre de ses habitants, la première.

A sa mort, le général Franco a laissé une armée inférieure à la vôtre, mais une population trois fois plus élevée.

En pleines dictatures « militaires », les généraux Pinochet et Galtieri disposaient d'armées très inférieures à la vôtre bien que le Chili et l'Argentine soient plus peuplés que Cuba.

Les enfants naissent au son des hochets de dynamite, sans autre berceuse que le branle-bas de combat.

Dès l'âge de six ans, les pionniers sont obligés de se livrer à des activités militaires et doivent se familiariser avec la discipline des camps.

Le service militaire obligatoire proprement dit commence à l'âge de treize ans par ce que « Révolution » nomme le « pré-recrutement », se poursuit par le « recrutement » à dix-sept ans, et continue jusqu'à la cinquantaine par la réserve active.

Emportée par sa vigilante méfiance, l'Armée furète dans tous les coins. Tous les centres éducatifs, les usines, les magasins et lieux de réunion

sont militarisés.

Le soldat de l'île, « Révolution » violant son libre-arbitre, est conduit de la discipline à la haine pour faire profession d'infamie par la force.

Car elle est célèbre l'armée cubaine en Angola, qui voulait imposer le stalinisme à la pointe de ses baïonnettes. Mais

les 8000 « assesseurs »

que vous aviez envoyés au Nicaragua, ne l'étaient pas moins, et je dirais même qu'ils l'étaient davantage, car ils ont ajouté à leur notoriété

le génocide.

Le massacre des indiens Miski-tos, Ramas et Sumos, vos « asses-seurs » l'ont exécuté en suivant les normes de votre maître Staline :

— Assassinat de tous les chefs ancestraux et extermination de cen-taines d'enfants.

— Incendies de nombreuses villes.

— Transfert à pied des indiens Miskitos, Ramas et Sumos survi-vants de la première étape de l'opé-ration, à marches forcées.

— Parcage des rescapés dans les camps de concentration.

Le gong de l'extermination résonne quand l'acide et l'infamie débordants calcinent la terre.

Vous avez tant de soldats que vous passez le plus clair de votre temps à jouer à la guerre, et la part la plus sombre, vous la consacrez à guerroyer et à faire la guérilla.

Le 30 mai 1983, de nouveau,

tous ceux qui aspirent à être des héros de pacotille virent le jour se lever parmi les flamboiements et l'éclat martial des canonnades.

Pendant cinq jours et cinq nuits, jusqu'au 4 juin, toute la nation fut mobilisée,

une fois de plus,

pour un simulacre de guerre.

Si le pays subit de lourdes pertes en heures de travail, en énergies, en argent et en combustible, vous y avez gagné en superbe et le peuple en courroux.

Fléau obsessionnel enraciné dans votre morgue à la Bokassa.

Des avions en rase-mottes, des sirènes assourdissantes, des coups de canon et des détonations sans fin. Le peuple houleux, de mauvaise grâce courait dans la direction exigée, menacé, non par « Impérialisme », mais par la police militaire.

Les citoyens aux invisibles fusils tiraient sur un ennemi qui ne l'était pas moins,

car vous n'avez jamais osé donner à votre peuple, même pour

jouer à la guerre, de vraies armes, de crainte qu'il ne les braque sur son véritable ennemi : vous.

L'obélisque de votre royaume est une colonne de suie et d'hypocrisie.

Dans votre bunker du Nuevo Vedado vous avez suivi cette bataille d'opérette tel un Amin Dada des Caraïbes, anéantissant des divisions imaginaires, secouru par votre

« géniale stratégie »,

grâce au Centre de Calcul du MINFAR et à un grand nombre d'écrans vidéo et d'ordinateurs occidentaux,

vous amusant plus qu'un adolescent jouant à Pac-Man.

Vous avez contrôlé toutes les unités du pays, homme par homme...

comme depuis 25 ans.

Car à vrai dire, ces simulacres de guerre n'ont pas pour mission de tenir en haleine « Capitalisme », mais de tenir en laisse le Cubain va-nu-pieds.

Toujours menacer suscite la colère, toujours accuser, le mépris,

toujours demander secours,
l'ennui, toujours annoncer des
invasions, le rire.

Si Cuba plonge le monde dans
l'étonnement par l'importance de
son armée, elle ne l'émerveille pas
moins par sa police. On dirait que
vous pensez que seules de grandes
parties répressives composent un
grand tout totalitaire.

Il est prodigieux de disposer d'un
plus grand nombre de policiers que
l'Espagne ou la France, pays aux-
quels le destin a donné une population trois et cinq fois plus grandes
que la vôtre.

Gigantesque armée que celle de
Cuba,

grande police que la vôtre, mais
votre *suite* vous assure de votre
supériorité :

aucun dirigeant en ce siècle n'a
possédé ou ne possède une garde
personnelle aussi nombreuse :

2400 policiers, formant trois
groupes qui se chargent de votre
sécurité au cours de journées divi-
sées en trois périodes de huit heures

chacune. Ni Brejnev, ni Andropov, ni Bokassa, ni Enver Hodja n'ont atteint ces proportions.

Pays du soupçon, de la charogne, des ténèbres et des araignées borgnes, qui sonne le creux comme le néant.

Cuba compte également

200 000 commissariats de poche nommés

Comités de Défense de « Révolution ».

Ils sont si nombreux dans l'île, les chemins qui mènent à la répression !

Le moindre pâté de maisons réunit un quarteron de mouchards du parti qui, pour quatre sous, peut faire à son voisin un mauvais parti.

Ces délateurs, authentiques rejetons de « Révolution »,

plus par crainte que par crânerie,

dénoncent les faits et gestes de leurs voisins, s'évitant ainsi d'être taxés eux-mêmes de « contre-révolutionnaires ».

Grâce aux registres de comptabilité que tiennent ces Argus, à tout moment les dirigeants peuvent tout savoir sur tous :

quand tel citoyen a reçu une lettre,

à quelle heure du soir le « compagnon » du troisième étage étend son linge,

avec qui sort un tel ou une telle.

Ces gens, surtout, ont le devoir d'informer la police de tout acte « contre-révolutionnaire » comme :

— d'avoir une conversation avec un étranger,

— de ne pas assister à une réunion politique,

— de quitter son poste au cours d'une manifestation de masse « Obligatoirement Volontaire ».

Etc.

Les comités rédigent également un rapport afin que la police puisse délivrer un sauf-conduit permettant à un Cubain d'obtenir la grâce, par exemple, de s'éloigner de trente kilomètres de son domicile pour rendre visite à sa mère agonisante.

Sépulcres blanchis par la cérémonie de la délation aux relents de vinaigre.

L'avantage que suppose la création des brigades « Clic » formées de pionniers âgés de moins de douze ans, ne souffre pas de discussion.

Qui mieux qu'eux peut entrer à l'improviste dans un appartement soupçonné d'avoir deux ampoules allumées, pour en éteindre une ? « Clic »

Les sportifs ont fait leur chemin, ils obtiendront une sinécure après leur médaille, (même si elle n'est pas de marche à pied), car ils participent au plus important qui est la montre, et si celle-là était en argent, celle-ci serait en platine, pour la plus grande gloire de « Révolution ».

L'athlète de compétition est le compère des privilégiés et il bénéficie comme les riches du pays de magasins spéciaux, de transports dans des voitures appartenant à l'État, de voyages à l'étranger, de luxueux hôpitaux et de l'usage exclusif des meilleures installations sportives du pays.

Ils sont sélectionnés, presque au sortir du berceau, pour devenir des athlètes, afin que le reste des Cubains ne fasse pas de sport de compétition.

Ils représentent le sport cubain avec la même audace que vous, qui fumez par jour plusieurs cigares aristocratiques — ils coûtent plus de dix dollars chacun —, incarnez le fumeur cubain, auquel la carte de rationnement donne droit à deux cigares de mauvaise qualité par mois.

Victoires endeuillées dans un tunnel de renoncements, tandis que l'on enterre les chrysalides qui ne seront jamais papillons.

Chaque jour qui passe, vous gonflez votre plumage d'une manière moins surprenante, et plus vous ressemblez au Chef de l'Etat que caricaturent les romanciers latino-américains. Vous êtes aujourd'hui le vivant modèle de leurs portraits.

FIDEL CASTRO

Vieux cheval annoncé par de rauques trompettes, sous un ciel courroucé gorgé de désespoir... mais tout poissé du sucre de l'adulation.

UN SONGE? UN CAUCHEMAR? NON. IL NE FAUT PAS CALOMNIER LES CAUCHEMARS.

(TCHOUKOVSKAIA)

Nombreuses et colossales sont les monstruosités que l'on découvre peu à peu chaque jour mais,

depuis la fin de l'Inquisition et le massacre des Indiens par les conquistadors,

jamais les terres ibériques et ibérico-américaines n'en ont connu une comme celle que vous leur imposez :

l'explosion de la pensée.

Votre régime peut se comparer, par l'étendue de ses crimes, aux plus sanguinaires gouvernements de la triste histoire de nos pays. Vous les surpassez tous, cependant, par votre façon particulière de violer les esprits. Cette invention n'est pas la vôtre, car c'est une science que vous avez reçue avec le stalinisme, et que vous pratiquez avec le même art que vos maîtres.

Les vôtres, bardés de cautèle, jugent que l'intelligence est une arme quand on la

disloque.

Nul mieux qu'Orwell n'a décrit la prouesse que vous exigez de vos militants :

« *Dire délibérément des mensonges en les croyant sincèrement... nier l'existence d'une réalité objective tout en tenant compte de la réalité que l'on nie... Une sorte d'athlétisme de l'esprit est nécessaire : utiliser parfois les subtilités les plus raffinées de la logique, d'autres fois se montrer insensible aux erreurs de logique les plus grossières.* »

Grande singularité que celle de qui, faisant de deux regards un seul, avec des yeux d'ivrogne, voit tout double et, loin de mieux distinguer l'image floue, ne peut même pas mesurer la distance où elle se trouve.

Propriété paradoxale des plus cultivés, que d'avoir deux pensées à la fois. Telle est l'arme de la

« double pensée »
que manient vos militants,
comme un doublon de duplicité.
Mais quand les candides candidats
à « Révolution » croient se servir
d'elle pour conquérir le monde
« capitaliste », cet artifice se
retourne contre eux et les renverse.
Esclaves de cette stratégie qui est la
vôtre, ils dégénèrent d'adultes en
bébés.

Il en faut peu pour détraquer une
intelligence plus généreuse que
prudente, mais grande est la rouille
de l'âme qu'elle accumule ainsi. On
dirait que ceux qui en souffrent,
lorsqu'ils s'imaginent penser doublement, sont en réalité hémiplé-
giques des deux côtés.

Ils sont si nombreux, ceux que
cette mutilation a brisés, en Amérique latine, que, dirai-je, vous
avez lancé une bombe à neutrons à
la tête des intellectuels les plus vul-
nérables.

La plus puissante incantation,
pour être obéi, c'est l'orthodoxie.
De sorte que l'orthodoxe n'est plus

un homme, mais une coquille vide. Comme il vous est aisé alors de coiffer ces coquilles du casque de la soumission.

Il est vrai que vous faites courir le mensonge que « CIA » veut détruire l'Amérique latine. Mais si cette bourde était une certitude, vous seriez, vous, de ses agents, la plus haute figure. Parmi les hommes les plus faibles du continent, votre incontinente manie de leur lier pieds et mains a déjà causé assez de ravages. Si votre manipulation réussissait, l'Amérique latine, sans défense et « décérébrée », serait prête à se laisser coloniser par le premier colonialisme venu.

Comme Cuba.

Il y eut des monarques espagnols qui aspiraient à la grandeur en s'entourant de nains, d'idiots et d'invalides. L'histoire, pour les juger, n'a pas choisi la voie médiane. Elle a appelé leur époque : la Décadence.

Votre but n'est pas la décadence, mais la Préhistoire. Vous exigez de vos féaux le suicide de l'intelligence afin qu'ils puissent entrer ainsi dans la Préhistoire de l'Ame.

Cette fin atteinte, tous pourraient écrire, comme le héros d'Orwell au terme de sa régression :

« $2 + 2 = 5$ »

ou, ce qui revient au même :

« Cuba est le premier pays libre d'Amérique. »

Laissez Cuba en paix !

Ne seriez-vous pas plus heureux, et les Cubains de même, s'ils pouvaient s'éveiller du cauchemar ?

Et que les cauchemars me pardonnent !

Sincèrement,
Fernando Arrabal,
Paris.

EPILOGUE

LETTRE ÉCRITE EN 1967
PAR SAMUEL BECKETT
AUX JUGES ESPAGNOLS
POUR LA DÉFENSE
AU PROCÈS D'ARRABAL

« Dans l'impossibilité où je me
trouve de témoigner au procès de
Fernando Arrabal j'écris cette lettre
en espérant qu'elle pourra être por-
tée à la connaissance de la Cour et la
rendre peut-être plus sensible à
l'exceptionnelle valeur humaine et
artistique de celui qu'elle va juger.
Elle va juger un écrivain espagnol
qui, dans le bref espace de dix ans,
s'est hissé jusqu'au premier rang
des dramaturges d'aujourd'hui, et
cela par la force d'un talent profon-
dément espagnol. Partout où l'on
joue ses pièces, et on les joue par-

tout, l'Espagne est là. C'est à ce passé déjà admirable que j'invite la Cour à réfléchir, avant de passer jugement. Et puis à ceci : Arrabal est jeune, il est fragile, physiquement et nerveusement. Il aura beaucoup à souffrir pour nous donner ce qu'il a encore à nous donner. Lui infliger la peine demandée par l'accusation, ce n'est pas seulement punir un homme, c'est mettre en cause toute une œuvre à naître. Si faute il y a qu'elle soit vue à la lumière du grand mérite d'hier et de la grande promesse de demain, et par là pardonnée. Que Fernando Arrabal soit rendu à sa propre peine. »

DU MÊME AUTEUR

BIBLIOGRAPHIE FRANÇAISE D'ARRABAL

THÉÂTRE
(Christian Bourgois, 10/18 et ACTES SUD)

THÉÂTRE I, 1958
Oraison
Les Deux Bourreaux
Fando et Lis
Le Cimetière des voitures

THÉÂTRE II, 1961
Guernica
Le Labyrinthe
Le Tricycle
Pique-nique en campagne
La Bicyclette du condamné

THÉÂTRE III, 1965
Le Grand Céramonial
Cérémonie pour un Noir assassiné

THÉÂTRE IV, 1966
Le Couronnement
Concert dans un œuf

THÉÂTRE V, 1967
Théâtre panique
L'Architecte et l'Empereur d'Assyrie

THÉÂTRE VI, 1968
Le Jardin des délices
Bestialité érotique
Une tortue nommée Dostoïevski

THÉÂTRE VII, 1970
... Et ils passèrent des menottes aux fleurs
L'Aurore rouge et noire

THÉÂTRE VIII, 1972
Deux opéras paniques
Ars Amandi
Dieu tenté par les mathématiques

THÉÂTRE IX, 1974
Le Ciel et la Merde
La Grande Revue du XXe siècle

THÉÂTRE X, 1976
Bella Ciao
La Guerre de mille ans
Sur le fil ou Ballade du train fantôme

THÉÂTRE XI, 1978
La Tour de Babel
La Marche royale
Une orange sur le Mont de Vénus
La Gloire en images

THÉÂTRE XII, 1979
Théâtre bouffe
Vole-moi un petit milliard
Ouverture orang-outan
Punk et Punk et Colegram

THÉÂTRE XIII, 1980
Mon doux royaume saccagé
Le Roi de Sodome
Le Ciel et la Merde II

THÉÂTRE XIV, 1982
L'Extravagante Réussite de Jésus-Christ
Karl Marx et William Shakespeare
Lève-toi et rêve

THÉÂTRE XV, 1984
Les Délices de la chair
La ville dont le prince était une princesse

THÉÂTRE XVI, 1986
Bréviaire d'amour d'un haltérophile
Apokalyptica
La Charge des centaures

THÉÂTRE XVII, *1988*
Les « Cucarachas » de Yale
Une pucelle pour un gorille
The Red Madonna
La Traversée de l'Empire

THÉÂTRE XVIII, 1990
La Nuit est aussi un soleil
Roues d'infortune

POÉSIE
(Christian Bourgois et 10/18)

La Pierre de la Folie, 1962
Cent Sonnets, 1965
Humbles Paradis, 1983

ROMANS
(Christian Bourgois, Grasset, Ramsay,
Acropole et 10/18)

Baal Babylone, 1959
L'Enterrement de la sardine, 1963
Fête et rites de la confusion, 1965
La Tour prends garde, 1983[1]
La Reverdie, 1984
La Vierge rouge, 1986
La Fille de King Kong, 1988
*L'Extravagante Croisade d'un castrat
amoureux,* 1990

DOCUMENTS
(Christian Bourgois, éd. du Rocher et
10/18)

La Panique, 1963
Le New York d'Arrabal, 1971
Lettre au général Franco, 1972
Sur Fischer: Initiation aux échecs, 1974
*Les Echecs féeriques et libertaires:
Chroniques de l'Express,* 1979
Echecs et mythe, 1983

1. Prix Nadal: le « Goncourt » espagnol.

FILMS
réalisés par Arrabal, longs métrages:

Viva la Muerte, 1970
avec Nuria Espert et Anouk Ferjac
J'irai comme un cheval fou, 1972
avec Emmanuelle Riva et Clark Shannon
L'Arbre de Guernica, 1975
avec Maria Angela Melato et Ron Faber
L'Odyssée de la Pacific, 1980
avec Mickey Rooney et Monique Leclerc
Le Cimetière des voitures, 1981
avec Alain Bashung et Juliette Berto

Ce volume,
le deuxième
de la collection « Iconoclastes »
publiée aux Éditions Les Belles Lettres
a été achevé d'imprimer
par l'Imprimerie Floch à Mayenne
en octobre 1990.

N° d'éditeur : 2796.
N° d'imprimeur : 29762.
Dépôt légal : octobre 1990.